Otto C. Honegger · Kleine Welt im grossen Meer   Small World in a Big Ocean

Mit freundlicher Unterstützung der Generously sponsored by

PRIVATBANK IHAG ZÜRICH

Otto C. Honegger

Kleine Welt im grossen Meer

Small World in a Big Ocean

orell füssli

Editorische Betreuung: Gian Laube, Zürich
Gestaltung und Satz: Doris Grüniger, Buch & Grafik, Zürich
Lektorat: Karina Wisniewska, Ennetbaden
Lithografie: Photolitho AG, Gossau/Zürich
Printing by Michael Neugebauer (Publishing) Ltd.; Manufactured in China

ISBN 978 3 280 06110 7

Bibliografische Information der Deutschen Bibliothek
Die Deutsche Bibliothek verzeichnet diese Publikation in der
Deutschen Nationalbibliografie; detaillierte bibliografische Daten
sind im Internet über http://dnb.d-nb.de abrufbar.

Project Manager: Gian Laube, Zurich
Layout and design: Doris Grüniger, Buch & Grafik, Zurich
Proofreading: Karina Wisniewska, Ennetbaden
Lithography: Photolitho AG, Gossau/Zurich
Printing by Michael Neugebauer (Publishing) Ltd.; Manufactured in China

ISBN 978 3 280 06110 7

Bibliographical information, German National Library.
The German National Library has documented this publication in
the Deutsche Nationalbibliografie. For detailed bibliographical
information, see http://dnb.d-nb.de

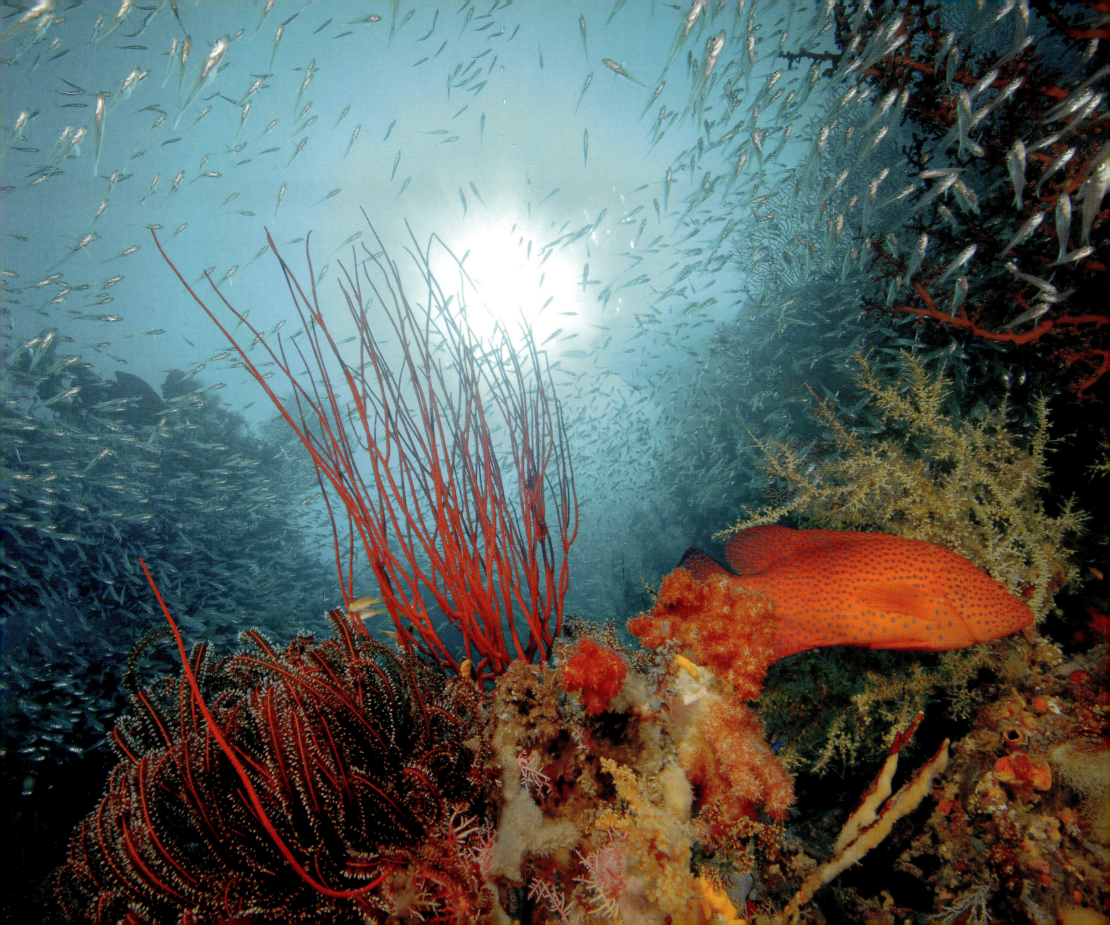

Willkommen in den artenreichsten Gewässern
der Welt, voll von buntem, pulsierendem Leben.
Schwärme von Barrakudas und Makrelen im
offenen Wasser, kleine Kreaturen in der Farbenpracht der Riffe, ein fantastisches Erlebnis.

Welcome to the most biodiverse coral reefs
of this planet, full of teeming, colorful life.
Schools of barracudas and jacks in the open
water, little creatures on the reef, a fantastic
experience.

Einführung

Introduction

Willkommen im artenreichsten Gewässer der Welt, voll von buntem, pulsierendem Leben. Ich bin in den letzten Jahren an vielen Orten der Welt getaucht, doch kein Gebiet hat mich so nachhaltig beeindruckt wie die Inseln von Raja Ampat. Es ist eine wilde Gegend, ganz im Osten Indonesiens, vor der Küste von West Papua (früher Irian Jaya). Viele Inseln sind unbewohnt, und auf dem Festland leben die Menschen noch immer wie in der Steinzeit. Auch unter Wasser findet man eine weitgehend intakte Wildnis. Zu gewissen Zeiten im Jahr treten dort riesige Sardellenschwärme auf, ähnlich wie vor anderen Küsten der Welt, allerdings weniger gross.

Wenn die Sardellen auftauchen, verdunkelt sich der Himmel unter Wasser, und Millionen von kleinen Fischen wogen mit der Dünung hin und her. Immer wieder fahren sie jedoch unvermittelt zusammen oder schiessen auseinander, dann nämlich, wenn Räuber auf Beutefang durch den Schwarm preschen. Für Raubfische wie Makrelen, Barrakudas, aber auch für Mobulas (manta-ähnliche Rochen) ist das ein Festschmaus. Für mich als Unterwasserfotograf ein unvergleichliches Erlebnis. In diesen Momenten spürt man die Natur intensiver als sonst und registriert jede Reaktion des gewaltigen Schwarmes. Die Sardellenschwärme sind ein Zeichen für die Gesundheit eines Riffs, denn sie bilden eine der Nahrungsgrundlagen für viele grössere Fische dieses einzigartigen Ökosystems.

Mein Freund Edi Frommenwiler, ein Schweizer, der 1992 ein eigenes Schiff baute und diese Gewässer taucherisch entdeckte, brachte mich vor einigen Jahren erstmals in diese einsame Gegend. Seither lässt sie mich nicht mehr los. Gemeinsam sind wir immer wieder dort getaucht und haben auch einen Dokumentarfilm fürs Schweizer Fernsehen mit dem Titel «Edis Paradies» gedreht. Darin ging es vor allem um kleine Tiere, denn die liegen Edi und mir besonders am Herzen. Solche Kreaturen kommen hier in Massen vor. Allerdings schwimmt man oft unachtsam daran vorbei, denn sie leben versteckt auf bunten Korallen, Schwäm-

-----

Welcome to the most biodiverse waters of this planet, full of teeming pulsating life. I have dived in many places in the last 30 years but no region has impressed me more, than the islands of Raja Ampat. It's a wild region in the east of Indonesia, off the coast of Irian Jaya. Many islands are uninhabited and on the mainland you still find men living in the stone age. Under water there is a blue wilderness, fairly intact and untouched. At certain times of the year big schools of Anchovies appear, similar to the coasts of other regions.

When the Anchovies are there, the sky underwater gets dark, as millions of small fishes float with the swell, to suddenly move apart, when predators shoot through the immense school. For Barracudas, Jacks and Mobulas (manta like rays) this is a feast. The Anchovies are a sign of health and they are the food for thousands of other fish.

My friend Edi Frommenwiler first brought me to this lonesome region. He is a Swiss who built himself a ship in 1992 and has sailed these waters ever since. For me this is a place of extraordinary beauty and splendor. I also shot a documentary here for Swiss Television, which we called "Edi's paradise" as it indeed is one and Edi has discovered it. In the film we showed mostly tiny little animals which Edi adores and films every day with his video camera. But these little creatures are also my passion and together we have logged many dives, always on the lookout for special creatures. To find them is not always easy, because you tend to be overwhelmed by all the colorful corals, featherstars, soft corals or tunicates, and you forget to look closely. But only if you do so, you can find them, as they hide on other animals and perfectly match with their surrounding. These little creatures have found themselves their own small world in the big ocean. This book tries to bring you to such hidden worlds or habitats and to sharpen your eyes for the small inconspicuous things. You will see strange living communities and fantastic animals, some not yet classified by science. But

men, Haarsternen oder anderen Tieren, von welchen sie nur schwer zu unterscheiden sind. Die Unterwasserlandschaft in den Riffen von Raja Ampat ist derart farbig und opulent, dass man vergisst, genauer hinzuschauen. Aber genau dort im Versteckten leben sie. Selbst wenn man weiss, wo, findet man sie oft nur durch Zufall oder hartnäckiges Suchen.

Diese kleinen, unscheinbaren Geschöpfe haben sich durch Anpassung und Schlauheit ihre eigene kleine Welt im grossen Meer erobert. Eine Welt, in der sie prächtig gedeihen, meist unbeachtet von uns Menschen. Dieses Buch versucht, Sie zu solchen Miniwelten oder Habitaten unter Wasser zu führen und Ihren Blick fürs Kleine, oft Unscheinbare zu schärfen. So werden Sie mit mir auf mannigfaltige Lebensgemeinschaften stossen, auf fantastische Tiere, die zum Teil noch nicht einmal wissenschaftlich bestimmt sind. Aber genau darin liegt für mich der Reiz des Tauchens und Fotografierens; es geht mir darum, unbekannte Wesen und ihre Schönheit zu entdecken und ins Bild zu setzen. So ist es für mich oft aufregender, ein kleines Zwergseepferdchen auf einer Fächerkoralle zu fotografieren, als grossen Haien oder anderen Raubfischen nachzujagen. Natürlich gehören auch sie als Spitze der Nahrungspyramide ins grosse Meer, aber punkto Farbenpracht und Fantasie können sie es mit den kleinen Stars dieses Buches kaum aufnehmen. In diesem Sinne lade ich Sie ein, mich auf eine Entdeckungsreise in die marine Mikrowelt zu begleiten.

for me that is the challenge of underwater photography, to put creatures in the picture that not everybody knows and to show them in all their beauty. For me it is more exiting to find a pygmy seahorse on a fan coral than to encounter a big shark. Of course sharks also belong to the big ocean and are elegant predators but compared to the stars of this book they lack beauty and fantasy. In this sense I invite you on a journey into the marine micro world.

Eines Tages sind sie da, die Sardellen *(thryssa baelama)*. Riesige Schwärme schwimmen über die Korallenriffe, der Himmel verdunkelt sich und die Welt unter Wasser hält für einen Moment den Atem an. Die Sardellen ernähren sich von Zoo-Plankton, das in diesen tropischen Gewässern reichlich vorhanden ist.

One day they are here; large schools of anchovies. The sky underwater gets dark as they swim over the reef. There are millions of them, a sign of healthy life. They feed on zooplankton which is abundant in these tropical waters.

Auch wir bewegen uns mit unseren Kameras mitten in der Fischsuppe, ein absolut faszinierendes Abenteuer. Fischschwärme kennen keinen Chef, trotzdem reagieren sie blitzschnell, wie von einer unsichtbaren Hand gesteuert. Man spricht von kollektiver Intelligenz. Auch wir Menschen könnten vielleicht davon lernen.

We swim with our cameras in the middle of this fishsoup, a fascinating adventure. Fish swarms do not have a boss, yet they react very fast, like guided by an invisible hand. It is called collective intelligence and we humans could learn from it.

Die Sardellen sind ein Festmahl für Raubfische, wie Barrakudas *(sphyraena putnamiae)*, Stachelmakrelen *(caranx sexfasciatus)* oder Mobulas *(mantaähnlichen Rochen, mobula sp.)*. Diese stürzen sich ins Getümmel und machen reiche Beute. Mobulas ernähren sich sonst von Plankton, aber die kleinen Sardellen behagen ihnen offensichtlich auch.

Anchovies attract predators. For them it is a feast, Barracudas, Jacks and Mobulas dive into the swarm to get their share of prey. Mobulas, rays similar to Mantas, normally feed on plankton but they obviously like the anchovies as well.

Habitate

Habitats

In einem Ozean voller Räuber und Gefahren suchen sich viele Riffbewohner ein eigenes Habitat oder eine ökologische Nische – ihr kleines Reich, in dem sie sich behaupten und wohl fühlen. Das kann ohne weiteres auch ein anderes, grösseres Tier sein, auf welchem sie aufsitzen und von dessen Schutz oder Tarnung sie profitieren. Der Wirt hat nicht immer etwas davon. Ist dies jedoch der Fall, spricht man von einer Symbiose. Nachfolgend finden Sie Dutzende von Beispielen solcher Lebensgemeinschaften, und es gibt noch viele mehr.

Als Erstes stelle ich Ihnen die schwarzen Korallen vor, riesige Büsche, die von winzig kleinen Polypen gebildet werden. Eigentlich sind sie rotbraun und keineswegs schwarz. Doch nimmt man sie aus dem Wasser heraus und tötet damit die Polypen, ist das Skelett schwarz und wird oft als Schmuck verwendet. Schwarze Korallen bieten vielerlei Tieren Unterschlupf, man findet unter anderem kleine Fische und durchsichtige Garnelen darin, die sich in diesem Dschungel heimisch fühlen. Ein weiteres Beispiel sind Federsterne, die überall im Riff vorkommen. Auch sie sind Tiere und gehören wie die Seesterne zu den Stachelhäutern. Federsterne können durchaus herumkriechen, wenn sie wollen, doch sie setzen sich meistens an strömungsreichen Stellen fest und fangen mit ihren Haarfortsätzen kleine Lebewesen aus dem vorbeiströmenden Plankton. Gut getarnt finden sich darauf kleine Saugfische, die sich auch bei starker Strömung festhalten können. Kleine Krebse verschiedenster Art leben auf den Federsternen. Sie sind allerdings so gut getarnt, dass man sie meist übersieht. Es gilt also, genau hinzuschauen, und das sollten Sie auch bei den vielen anderen Habitaten und Plätzen auf den kommenden Seiten tun.

In a big ocean full of predators and danger many inhabitants of the coral reefs try to find their own small world, their habitat, in which they can survive, feel at ease and protected. That can be a bigger animal, on which they hide and where they profit from its strength or camouflage. The host not always has a clear advantage, but when it has, you call it a symbiosis. Over the next pages you find plenty of such communities and of course there are a lot more. Take for example the black corals, huge bushes that are formed by tiny little coral polyps. They got their name from their black skeleton because their main color is orange brown. In many parts of the world this black skeleton is used for jewelry. On black corals hide a lot of smaller creatures, small fishes and see through shrimps that are hardly visible in this coral jungle. Another example are featherstars or crinoids. They are part of the echinoderm family, related to sea stars and sea cucumbers. They can move around the reef but mostly cling to exposed coral blocks or sponges. There they stretch out their arms and catch plankton out of the current. They provide shelter for smaller well camouflaged animals, for example tiny little clingfishes. Only when the arms of the crinoid are spread out you can see them, but of course not every featherstar has one. The same applies to the commensal shrimps that crawl along the arms. You have to look closely to see them and that applies to all the other habitats and places on the following pages of this book.

Vorherige Seite: Diese orangeroten
Büsche sind Korallen, aufgebaut von
Tausenden von winzigen Polypen.
Sie bilden wiederum einen begehrten
Zufluchtsort für allerlei kleine Tiere.
Seite rechts: Ein Schwarm von
Schnepfen-Messerfischen *(centriscus
scutatus)* schwebt über den Zweigen,
im Inneren des Busches verstecken
sich kleine Fahnenbarsche *(pseu-
danthias sp.)* und durchsichtige
Garnelen *(periclimenes psamathe)*
(Seite links).

Previous page: These orange brown
bushes are a form of coral built
by thousands of tiny little polyps.
They constitute a refuge for other
even smaller creatures. Little anthias
hide among the branches, also see
through shrimps. Opposite: A school
of shrimpfish hovers above a black
coral.

Auch Haar- oder Federsterne sind Tiere, Verwandte der Seesterne, die an exponierte Stellen im Riff krabbeln, um Plankton aus der Strömung zu fischen. Zwischen den Armen verstecken sich kleine Spezialisten, zum Beispiel ein winziger, schlanker Fisch, der Haarstern-Schildbauch *(discotrema crinophila)*, der sich bei starker Strömung am Haarstern festsaugen kann. Ebenso tummeln sich darauf Krebse, hier eine Partnergarnele mit der gleichen gelben Farbe wie der Wirt *(periclimenes amboinensis)*.

Featherstars or crinoids are animals as well, related to seastars, and very abundant in these waters. They crawl to exposed spots on the reef and cling to sponges and corals. Among their arms hide little specialists, who have found their own small world here. A clingfish sucks on the featherstar if the current gets strong. A crinoid shrimp with the same colors as its host hides among the arms.

Obwohl man sie kaum sieht, findet man auf Haarsternen eine Vielfalt von Krebschen, links: Ein blauer Knallkrebs *(synalpheus stimpsoni)*, der ausschliesslich auf Haarsternen lebt, unten rechts: Springkrabben *(Allogalathea elegans)*. Sie verstecken sich zwischen den Armen des Haarsterns und stehlen ihm Plankton. Dieses fängt der Haarstern mit den kleinen Fortsätzen auf seinen Armen ein (oben). Seite rechts: Eine Haarstern-Partnergarnele *(periclimenes cornutus)* über einem offenen Haarstern bei Nacht.

Even if you barely see them, you find a variety of crabs and shrimps on featherstars, like a blue snapping shrimp (left) and squat lobsters. Opposite: A crinoid shrimp on an open feather-star at night.

Auch Fische nutzen Haarsterne zur Tarnung und leben in ihrer Nähe. Ein kleiner Weissstreifenfeilenfisch *(paramonacanthus choirocephalus)* ist kaum von seiner Umgebung zu unterscheiden (linke Seite) ebenso wenig wie die Geisterpfeifenfische *(solenostomus paradoxus)* auf dieser Seite. Sie sind Verwandte der Seepferde, doch tragen hier die Weibchen die Eier in ihrer Bruttasche aus.

Also fishes use the crinoids as a hiding place like the Whitebar Filefish (left) or the fantastic Harlequin Ghostpipefishes (right). They are relatives of the seahorses but here the female carries the eggs.

Peitschen- oder Besengorgonien sind eine typische Korallenart der Gewässer um Papua Neuguinea und bieten seltsamen Bewohnern Unterschlupf. Unten links eine Spindelkauri, eine Schnecke, welche die Koralle täuschend ähnlich imitiert *(aclyvolva lanceolata)*. Die Polypennachbildungen, die sie herausstreckt, sind nur zur Tarnung da. Unten rechts eine Schar von Skelettkrebschen *(caprellidae sp.)*.

Whip Gorgonians are typical coral species of the region around Papua. Some guests have chosen them as their home, like, below left, a spindle cowry a slug which mimics the coral. The polyp copies on its back are only for camouflage. Below right: A bunch of skeleton crabs.

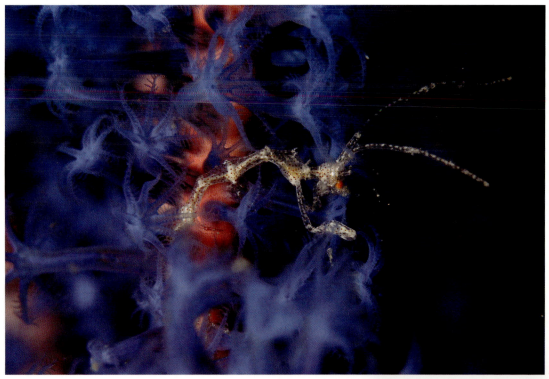

Skelett- oder Widderkrebschen *(Caprellidae sp.)*
erinnern an Gottesanbeterinnen. Sie kommen
überall im Riff vor, man muss sie nur finden.
Da sie nur so gross wie ein Fingernagel sind,
ist das nicht immer einfach. Sie tummeln sich
auf verschiedenartigen Korallen und Hydrozoen
und vollführen richtiggehend Tänze, während
sie Nahrung aus dem Plankton fischen.

Skeleton shrimps remind us of praying mantis.
They are all over the reef, you only have to find
them. They are about the size of a thumbnail,
so to see them is not always easy. They seem to
dance when they catch plankton out of the water.

Weichkorallen sind Korallen, die sich bei Strömung mit Wasser vollpumpen, um ihre ganze Pracht zu entfalten. Ihre Polypen schnappen sich Häppchen aus dem vorbeischwimmenden Plankton. Weichkorallen beherbergen wiederum viele kleine Tiere wie Spinnenkrabben *(hoplophrys oatesii)*, unten, die sich darauf tummeln.

Soft corals pump themselves up with water, so that their polyps can catch food out of the current. These corals are also a refuge for other smaller animals like soft coral crabs (below).

Ein Porzellankrebs *(porcellanella picta)* sitzt auf einer Ei-Kauri *(pseudosimnia marginata)* und diese wiederum auf einer Weichkoralle. Mehrere Schichten Tiere übereinander, nichts Ungewöhnliches in der Mikrowelt des Meeres. Daneben rechts: Eine Galerie von verschiedenen Porzellankrebschen *(porcellanella picta und sp.)*.

A porcelain crab sits on a cowry and the cowry on a soft coral. Three layers of animals on top of each other, nothing unusual in the micro world of the oceans. Right: a gallery of soft coral crabs.

Auf einer Weichkoralle verstecken sich
(unten rechts) ein purpurner Schlangen-
stern *(ophiothrix purpurea)* sowie
(unten links) ein Verwandter davon,
ein Gorgonenhaupt *(astroboa sp.)*.
Sie kommen nur nachts aus ihren
Verstecken hervor, um zu fressen.
Oben: Ein Sattspitzkopfkugelfisch
(canthigaster valentini) sucht ebenfalls Zuflucht auf einer Weichkoralle.
Rechte Seite: Dieser Skorpionsfisch
(scorpaenopsis oxycephala) lauert
auf einer Weichkoralle auf vorbei-
schwimmende Beute.

Below: A purple brittle star (right) and
a basket star (left) hide on a soft coral.
Both animals are active at night and
nearly invisible during the day. Top:
A black-saddled toby hovers under the
branches of a soft coral.
Opposite: A tasseled scorpionfish hides
on a soft coral waiting for prey.

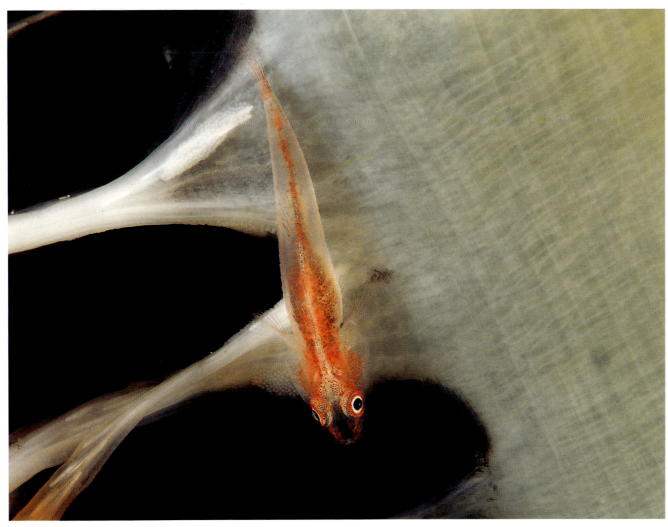

Der Name täuscht, auch Seefedern sind Korallen. Wie die Weichkorallen pumpen sie sich bei Strömung mit Wasser auf und ragen dann aus dem Sand empor, um mit den Armen ihrer Polypen Plankton aus dem vorbei treibenden Wasser zu fischen, links. Bei genauer Beobachtung findet man auf ihnen Zwerggrundeln *(bryaninops sp.)* oder eine Springkrabbe *(galathea sp.)*, rechts.

They may look like pens but they are corals. Like soft corals they pump themselves up with water when there is current, so that their polyps can feed on the drifting plankton, left. If you look closely you will find special inhabitants like a small whipgoby or a squat lobster on many sea pens, right.

Eine Partnergarnele *(periclimenes magnificus)* klettert über eine violette Seefeder *(virgularia gustaviana)*. Unten: Porzellankrebse *(porcellanella sp.)* benützen die Seefeder als Etagenwohnung. Rechte Seite: Eine Spinnenkrabbe klettert am Stamm einer Seefeder hoch.

Above: A commensal shrimp crawls on a pink sea pen. Below porcelain crabs have their condominiums on the sea pen. Right: A spider crab at the bottom of a sea pen.

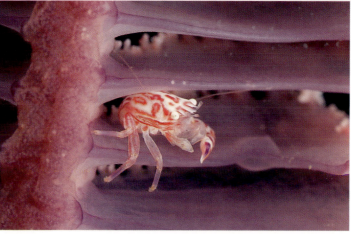

Nächste Doppelseite links: Zuoberst auf den Seefedern gedeihen Rankenfüsser, festgewachsene Krebse *(lepas anatifera)*. Man nennt sie auch Entenmuscheln, aber mit Muscheln haben sie nichts zu tun.

Next double page left: Gooseneck barnacles on a sea pen. Barnacles are crustaceans that attach themselves permanently.

Vorherige Seite: Fächerkorallen leben
normalerweise in grösserer Tiefe, in
Irian Jaya aber wachsen sie, im
Schatten der Felstürme, bis knapp
unter die Meeresoberfläche.
Diese Seite: Auf Fächerkorallen verstecken sich zahlreiche kleine Fische,
oben ein winziger Feilenfisch (mona-
canthidae), unten links eine Zwerg-
Grundel (pleurosicya mossambica)
und rechts ein Zwerg-Büschelbarsch
(cirrhitichthys falco).

Previous page: Sea fans or gorgonians
normally live in greater depths but in
Irian Jaya, in the shadow of the rocks,
they grow just a few meters below the
surface.
This page: A lot of fish hide on fan
corals. Top: A very small filefish,
below left a ghostgoby and below
right a dwarf hawkfish.

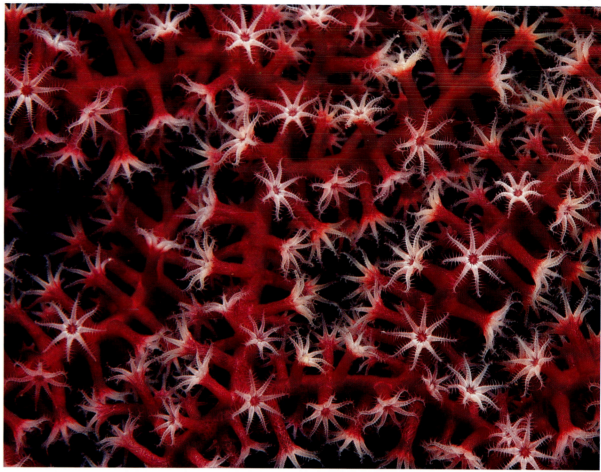

Tausende von kleinen Polypen bilden die Fächer- wie auch alle anderen Korallen. Bei Strömung strecken sie ihre Tentakel heraus, um Plankton zu fangen. Fächerkorallen haben achtarmige Korallenpolypen und ein weicheres Skelett als die Steinkorallen, die den Grossteil der Riffe bauen. Dafür tragen sie viel zur Verschönerung der Unterwasserlandschaft bei.

Thousands of tiny little polyps form the fan coral. When there is current the polyps bring their tentacles out to catch drifting plankton. Fan corals belong to the corals with 8 arms. Their skeleton is not as rigid as that of the reef building corals. But their contribution to the beauty of the underwater landscape is substantial.

Wer genau hinschaut, findet auf Fächerkorallen winzige Zwergseepferdchen. Rechte Seite: Ein Paar fingernagel-grosse Zwergseepferdchen *(hippocampus bargibanti)*, perfekt getarnt. Die Beulen auf ihrem Körper imitieren die geschlossenen Korallenpolypen. Links oben: Zwergseepferdchen *(hippocampus bargibanti)* sind niedliche Tiere. Sie wurden erst vor einigen Jahren entdeckt. Links Mitte: Diese Art *(hippocampus denise)* wurde 2003 wissen-schaftlich bestimmt und nach der amerikanischen Unterwasserfotografin Denise Tackett getauft. Links unten: Diese Art ist unbekannt, von uns wurde sie Helikopterpygmy genannt, weil diese Seepferdchen äusserst licht-scheu sind und beim Strahl der Scheinwerfer wegrotieren.

If you look closely on a sea fan you can find pygmy seahorses. Opposite: A pair of fingernail sized pygmy seahorses. The bumps on their body mimic the closed coral polyps. This page: Pygmy seahorses are nice little creatures that catch the sympathy of all viewers. For many years they went unnoticed by the divers then suddenly they found them all over. Left middle: This type of pygmy seahorse was only scientifically classified in 2003 and named after the underwater photographer Denise Tackett. Down left: This pygmy seahorse is still unknown. We called it helicopter pygmy because it rotates away once you approach it with your dive lights.

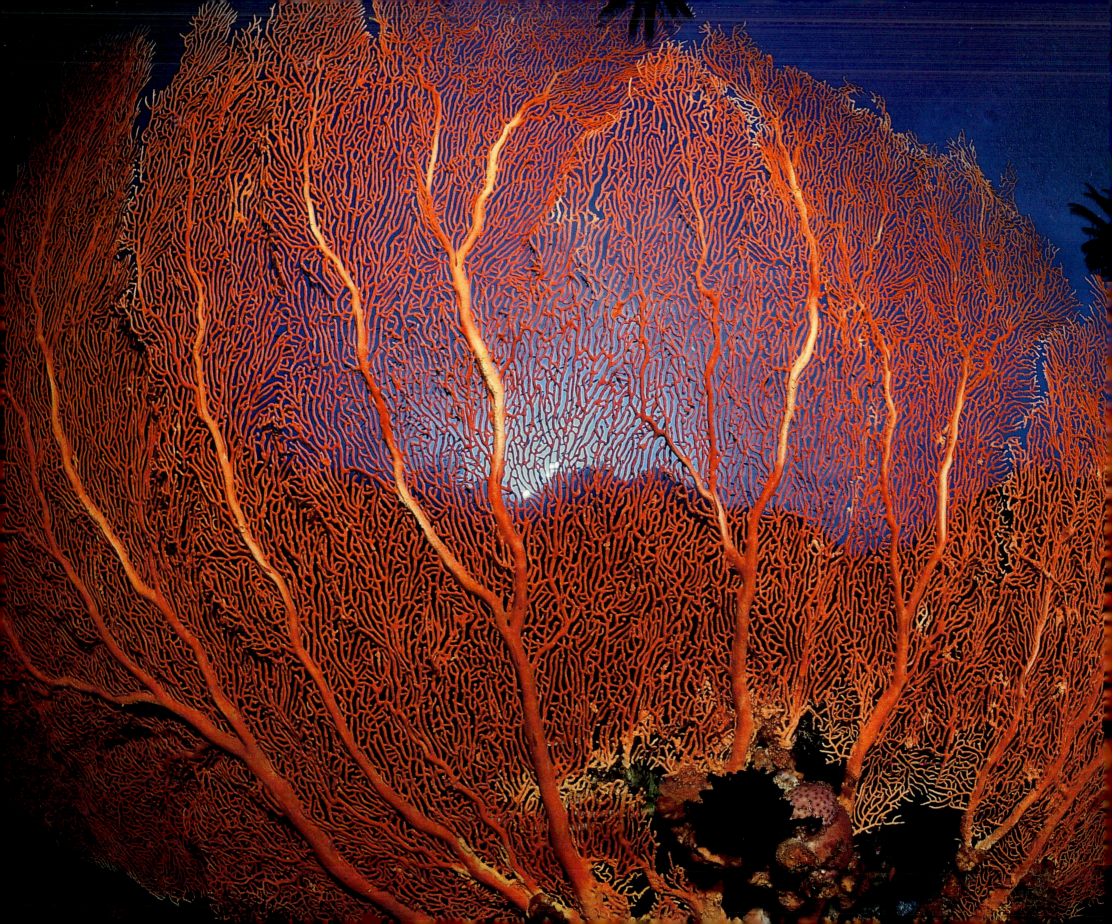

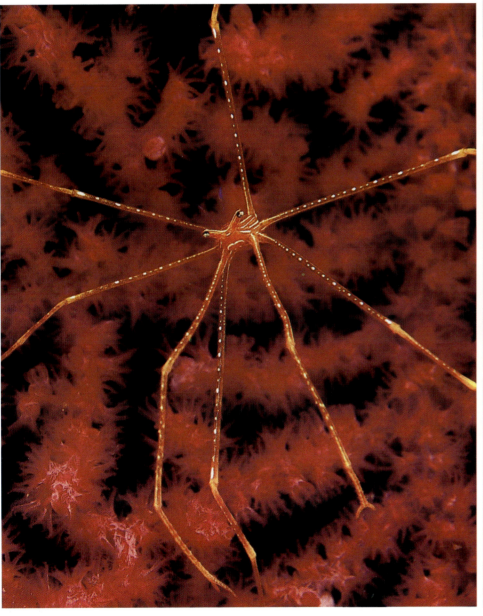

Linke Seite: Fächerkorallen können riesig gross werden. Rechte Seite: Diverse Arten von Spinnenkrabben klettern über die Zweige von Fächerkorallen. Grosses Bild: Diese Spinnenkrabbe sieht tatsächlich wie eine Spinne aus *(chirostylus dolichopus)*. Daneben eine Galerie von weiteren Spinnenkrabben. Die rotweisse konische Spinnenkrabbe *(xenocarcinus conicus)* vertraut auf ihr Farbkleid, das demjenigen der Fächerkoralle entspricht. Mitte: Diese Spinnenkrabbe *(xenocarcinus sp.)* trägt eine Mütze aus einem Stück Alge, das sie sich auf den Kopf setzt. Auch die unterste Spinnenkrabbe ist kaum erkennbar. Diese Krabben sieht man vor allem nachts, tagsüber sind sie zu gut versteckt.

Opposite: Fan corals can get very large.
This page: Several species of spidercrabs live on sea fans. Left: This spidercrab really looks like an insect. Right: A gallery of different spidercrabs. The conical crab on top has the colors of the red sea fan. The crab in the middle seems to wear a hat, made out of a piece of algae and the spidercrab at the bottom is also hardly visible. Best time to find them is at night.

Oben: Diese durchsichtige Zwergrundel *(bryaninops loki)* hebt sich kaum von der Fächerkoralle ab. Unten: Auch verschiedenartige Schnecken bevölkern Fächerkorallen, wie diese blaue Faden-schnecke *(pteraeolidia ianthina)*, links, oder rechts eine Spindelkauri- oder Seefächer-Eischnecke *(hiata brunnei-terma)*. Man erkennt sie oft erst, wenn man genauer hinschaut. Rechte Seite: Ein Trompetenfisch *(aulostomus chinensis)* versteckt sich ebenfalls in den Zweigen einer Fächerkoralle.

Top: The Loki Whip Goby is hardly visible as its body is partly transparent to disappear on the coral. Below: Also some sea slugs can be found on fan corals, like this blue aeolid nudibranch or the well camouflaged pink sea fan spindle cowry to the right. Opposite: A trumpetfish rests immobile in front of a seafan.

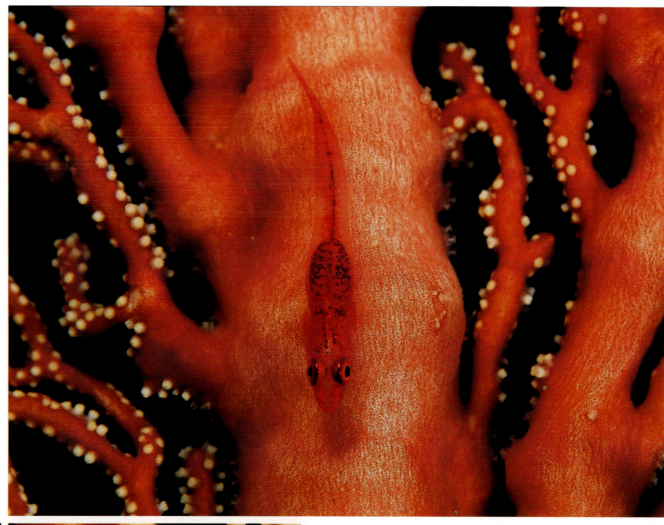

Oben: Eine Gorgonien-Spinnenkrabbe *(xenocarcinus tuberculatus)* krallt sich auf einer Peitschenkoralle fest, ebenso wie unten links eine Partnergarnele *(dasycaris zanzibarica)*. Unten rechts: Ein Fangschreckenkrebs *(odontodactylus scyllarus)* nützt die Deckung der Korallen aus.

Right: A wire coral crab walks up a whip coral. Below left: This whip coral partnershrimp lost the right claw. Below right: A painted or peacock mantis shrimp uses the cover of a gorgonian to look for food.

Seescheiden gehören zu den Mantel-
tieren und strudeln sich Plankton
zu, mit einer Öffnung zum Einatmen
und einer anderen zum Ausblasen.
Auf einer Seescheide *(polycarpa
aurata)* klettert zudem eine Fadenschnecke hoch, links unten.

Tunicates (or sea squirts or ascidians)
are filterfeeders with two openings,
an incurrent and an excurrent siphon
to get oxygen and plankton out
of the water. This page: Details of
a golden sea squirt. Below left:
An aeolid nudibranch is crawling up
a siphon of the golden sea squirt.

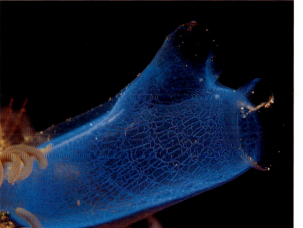

In den Riffen Ostindonesiens findet man fantastische Seescheiden in Hülle und Fülle. Auf einer durchsichtigen Seescheide fühlen sich auch zwei Flohkrebschen *(cyproidea sp.)* sehr geborgen. Daneben verschiedene Seescheiden *(rhopalaea crassa)*.

In East Indonesian waters tunicates are abundant. On a transparent tunicate two very tiny crustaceans, so called gammaridae, feel at home. Right: A gallery of various ascidians.

Nächste Doppelseite: Bei den durchsichtigen Seescheiden sieht man genau, wie sie gebaut sind.

Next double page: Transparent tunicates reveal their inner construction.

Linke Seite: Eine schwarzgelbe Seescheidenkolonie inmitten von Korallen. Rechte Seite: Seescheiden werden sogar als Liebesnest benutzt, wie diese beiden Neonsternschnecken *(nembrotha rutilans)* beweisen, die miteinander kopulieren. Unten links: Eine blaue Fadenschnecke *(pteraeolidia ianthina)* und eine Zwergrundel *(bryaninops sp.)* teilen sich die gleiche Seescheide *(polycarpa aurata)*. Unten rechts: Auch ein Seestern versucht auf eine Seescheide aufzusitzen.

Opposite: A black colony of ascidians in the middle of the corals. This page: Two nudibranchs use a tunicate as their lovenest for mating. Below left: A partly transparent goby and an aeolid nudibranch rest on the same sea squirt. Below right: Even a starfish walks over a tunicate.

Linke Seite: Auf dem Stamm einer blauen Pilzseescheide *(nephteis fascicularis)* klettert eine Spinnenkrabbe *(majidae)*, welche sich mit Polypen tarnt, die sie sich auf den Panzer steckt. Rechte Seite: Neben der Spinnenkrabbe findet man auch kleine Grundeln *(bryaninops amplus)*, ebenso (wie oben links) einen Plattwurm. Oben rechts: Hier erkennt man die einzelnen Tiere der Seescheidenkolonie, auf der auch eine durchsichtige Grundel lebt. Die Videokamera von Edi, unten, zeigt, in welcher Grössenordnung wir uns hier bewegen.

Opposite: A spider crab crawls on the trunk of a blue bottle brush ascidian. The crab has placed stinging polyps on its shell as additional protection. This page: Behind the spidercrab is a whip goby which also likes this home. Above a flat worm with the same color as the ascidian is hardly noticed. On top of the tunicates colony lives a transparent goby. Below right: Edis videocamera shows us the size of the bottle brush ascidians.

Eine durchsichtige Partnergarnele
(periclimenes tosaensis) sitzt auf
einer gelben Seescheide, aber
manchmal ist es auch umgekehrt,
wie auf dem Bild daneben. Hier ist
die Seescheide durchsichtig, die
rote Fadenschnecke dagegen nicht.

Below: A transparent commensal
shrimp on a yellow tunicate. Also
the opposite is possible, here the
tunicate is transparent, not the
aeolid nudibranch that crawls on it.

Diese Seescheidenkolonien sehen aus wie Ähren in einem Kornfeld *(perophora namei)*. Unten: Beim genauen Hinschauen erkennt man die einzelnen Tiere der Kolonie. Unten rechts: Hier hat sich zusätzlich eine robuste Riffseescheide *(atriolum robustum)* auf der Seescheidenkolonie niedergelassen.

These stalked ascidians resemble heads of corn but they are a colony of tunicates. Below: If you look closely you see the different ascidians. Below right: A robust sea squirt has chosen this stalked ascidian colony as its home.

Linke Seite: Eine Schwimmkrabbe *(lissocarcinus laevis)* nützt den Schutz der nesselnden Tentakel einer Seeanemone aus. Rechte Seite: Seeanemonen sind keine Pflanzen, auch wenn einige so aussehen, sondern Nesseltiere, ähnlich wie Korallen. Ihre Tentakel enthalten Nesselzellen. Oben: Zwischen diesen speziellen Anemonen bewegt sich eine Springkrabbe *(galathea sp.)*, rechts, von blossem Auge kaum sichtbar, haben winzige Flohkrebschen Zuflucht gefunden.

Opposite: A swimmer crab hides under the stinging tentacles of a sea anemone. This page: Even if some of them look like plants, sea anemones are animals similar to corals with stinging cells in their tentacles. A squat lobster hides beneath these special anemones, far right, even tiny little crustaceans that look like fleas find shelter here.

Seeanemonen sind ein Paradies für kleine Garnelen. Partnergarnelen (oben *periclimenes tosaensis* und unten *periclimenes
magnificus*) finden zwischen den nesselnden Tentakeln Schutz.
Rechte Seite: Oben eine Partnergarnele *(periclimenes tosaensis)*
und unten winzig kleine Hohlkreuzgarnelen *(thor amboinensis)*,
die ebenfalls oft in der Nähe von Anemonen oder
Zylinderrosen leben.

Sea anemones are a paradise for all kind of shrimps and crabs.
Here are two species of commensal shrimps. Page right top:
A transparent commensal shrimp reveals the secrets of its body.
Below: Under the anemone live tiny little amboin shrimps.

Linke Seite: Der gefleckte Anemonen-Porzellankrebs *(neopetro-listhes maculatus)* sitzt majestätisch auf seiner Seeanemone. Die beiden Krabben, oben links, verkriechen sich lieber darunter, die Schwimmkrabbe *(lissocarcinus laevis)*, oben rechts, versteckt sich zwischen den Tentakeln einer Anemone.

Opposite: The spotted porcelain crab sits on a sea anemone and displays its armour, wheras the two crabs (this side, left) prefer to hide under the anemone. Right: A swimmer crab on the tentacles of an anemone.

Linke Seite: Die berühmtesten Gäste von Seeanemonen sind Clownfische *(amphiprion perideraion)*. Sie leben in Symbiose mit der Anemone, indem sie sie verteidigen und dafür vom Schutz der giftigen Tentakel profitieren. Sie wohnen hier auch in Eintracht mit kleinen Garnelen. Diese Seite: Ein Stachel-Anemonen-fisch *(premnas biaculeatus)* in seinem Heim. Man erkennt ihn an seinen Stacheln auf dem Kiemendeckel.

Opposite: The most famous guests on sea anemones are the clown-fishes. They have a symbiotic relationship with their host, defending it and profiting from the added protection of the stinging cells in the tentacles of the sea anemone. Here they live together with commensal shrimps. This page: A spinecheek anemonefish in his home.

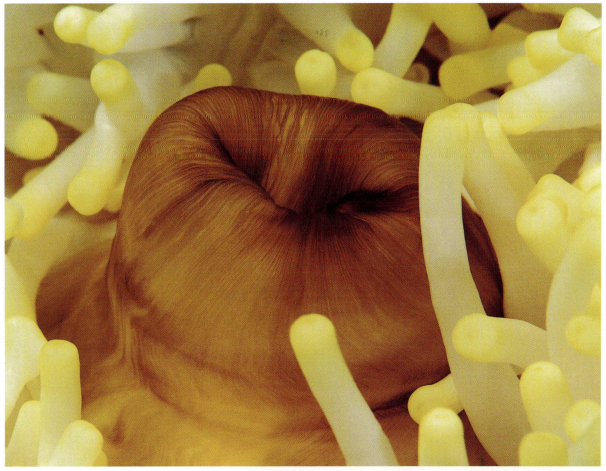

Linke Seite: Ein Eigelege von Clown-
fischen kurz vor dem Schlüpfen.
Diese Seite: Mäuler von Seeanemonen. Wie Korallenpolypen haben
Seeanemonen inmitten der Tentakel
eine Mundöffnung.
Nächste Doppelseite: Auf diesem
Maul einer Prachtseeanemone füllt
sich ein Halsband-Clownfisch (amphiprion perideraion) sicher, ebenso
wie rechts eine Partnergarnele.
Die Seeanemonen lassen sich durch
ihre Bewohner nicht stören.

Opposite: Below the anemone the
clownfishes hedge their eggs. These
are just a few days before hatching.
This page: Like corals sea anemones
have a mouth opening in the middle
of the tentacles.
Next double-page: Mouth of a sea
anemone with a clownfish and a
commensal shrimp. The sea anemone
is not disturbed by its guests.

Der Feuerseeigel *(Asthenosoma varium)* verfügt über giftige Stacheln. Feuerseeigel können sich recht schnell fortbewegen. Unten rechts: Eine kleine Sepie passt sich der Farbe des Feuerseeigels geschickt an und benützt ihn als Tarnung.

The fire urchin has venomous spines. It can move pretty fast on the sandy bottom. Below right: A little cuttlefish blends in with the fire urchin, a perfect camouflage.

Die Coleman-Partnergarnelen *(periclimenes colemani)* leben zwischen den Stacheln des giftigen Feuerseeigels. Hier sind sie bestens geschützt. Das Weibchen ist stets grösser als das Männchen.

A pair of Coleman shrimps live between the spines of the fire urchin, where they are well protected. The female is always larger than the male.

Auch gelbe Partnergarnelen *(allopontonia iaini)* sowie eine Zebrakrabbe
(zebrida adamsii) haben den Feuerseeigel als Wohnung auserkoren. Was der
Seeigel davon hat, ist unbekannt, aber schaden tun ihm die Krebse kaum.
Rechte Seite: Ein junger Kaiserschnapper *(lutjanus sebae)* sucht Zuflucht
zwischen den Stacheln eines falschen Feuerseeigels *(astropyga radiata)*.

Also yellow commensal shrimps and zebra crabs have chosen the fire urchin
as their home. Whether the host also profits from his guests is unknown.
Page right: A juvenile red emperor hides beneath the spines of a false fire
urchin.

Diese Seeigel-Partnergarnele *(stegopontonia commensalis)* reitet auf den Stacheln eines Seeigels. Rechte Seite: Aber wer sagt denn, dass der Krebs immer auf dem Seeigel reiten muss? Auch das Umgekehrte ist möglich. Eine Trägerkrabbe *(dorippe frascone)* mit einem Seeigel *(astropigia radiata)* als Tarnung und Schutz.

This shrimp is well adapted to the spines of a sea urchin. Page right: But who says that it is always the shrimp that rides on the sea urchin? Also the opposite is possible. This doripid crab has chosen a sea urchin as its protection.

Krebse und ihre Lasten: Krebse schleppen allerlei Zeugs als Tarnung herum. Linke Seite: Diese Krabbe *(dromia dormia)* umgibt sich mit einem gelben Schwamm. Rechte Seite oben: Einer anderen Krabbe genügt das Blatt eines Baumes. Unten links: Diese Spinnenkrabbe ist so gut getarnt, dass sie kaum zu erkennen ist. Unten rechts: Krabbe schleppt Krabbe zwecks Paarung (Schwimmkrabben, *charybdis sp.*) Die Begattung ist nur möglich, wenn das Weibchen frisch geschlüpft und der Panzer noch nicht ganz hart ist, eigentlich einleuchtend.

Crustaceans and their ballast: Crabs carry all kind of stuff around to protect themselves. Opposite: This crab uses a sponge to hide its back. This page top: For this crab a leaf is enough camouflage. Below left: This crab is hardly recognizeable. Below right: A male swimmer crab carries his female around to mate.

Gewisse Krabben klauen sich das
Haus einer Schnecke und pflanzen
darauf noch Seeanemonen mit
giftigen Tentakeln zur Abschreckung.
Auf diesem Anemonen-Einsiedler-
krebs *(dardanus pedunculatus)* lebt
zudem noch eine kleine Garnele.
Unten: Porträts von Einsiedlerkrebsen
*(aniculus maximus und dardanus
megistos)*.

Some hermit crabs want more
protection. They steal a house from
a slug and put sea anemones on
top of it. On this one there is yet
another passenger, an emperor
shrimp. Below: Portraits of hermit
crabs.

Während der Einsiedlerkrebs *(dardanus pedunculatus)* Anemonen auf seinem Rücken herumträgt, benützt die Boxerkrabbe *(lybia tessellata)*, unten rechts, Anemonen als Boxhandschuhe, um Feinde abzuwehren.

While the hermit crab puts sea anemones on its house, the boxer crab (right below) uses sea anemones as boxing gloves to fight off enemies.

Für mich die schönsten Krebse sind die Harlekingarnelen *(hymenocera elegans)*. Zusammen mit ihrem Jungen verspeist diese Harlekingarnele einen Seestern bei lebendigem Leib.

The most beautiful crustaceans for me are the Harlequin shrimps. They feed on seastars and eat them in little pieces while they are still alive. Here a mother Harlequin shrimp also looks for its children.

Sandwüsten

Sand Deserts

Ich liebe Wüsten, sei es über oder unter Wasser. Während an Land das Leben in den Wüsten oft dünn gesät ist, findet man unter Wasser gerade in West Papua viel Lebendiges in den Wüsten. Darunter befinden sich die eigenartigsten Bewohner. Es kann so reizvoll sein, dass man sich fast darum reisst, Sandflächen zu durchstöbern, eine Aktivität, die man auf Englisch passend «muck diving» nennt, was so viel heisst wie Wühlen im Dreck. Aber gerade bei diesem Wühlen findet man Kreaturen, die man sonst leicht übersieht, da auch sie wieder perfekt getarnt sind.

Die Bewohner, die sich ans Leben im Sand angepasst haben, könnten skurriler nicht sein. Auf den kommenden Seiten finden Sie eine Auswahl. Beginnend mit den Grundeln, die sich hier Löcher bauen und damit perfekte Wohnungen und Rückzugsmöglichkeiten besitzen. Oft lassen sie sich das Loch von kleinen Krebschen säubern – ähnlich einer Putzequipe. Es ist eine perfekte Symbiose: Die Krebse sehen schlecht und werden von der Grundel bei Gefahr gewarnt, die Grundel wiederum erhält eine sauber geputzte Wohnung.

Im Sand liegen viele Fische stundenlang auf der Lauer, meisterhaft getarnt, in Erwartung einer Beute. Wenn sie dann jedoch zuschnappen, geht es blitzschnell, denn im Sand gibt es weniger Gelegenheit zuzuschlagen, deshalb wollen sie sicher sein, dass es klappt. Unter den Lauernden sind regelrechte Ungeheuer wie der Steinfisch, der Himmelsgucker, der Teufelsfisch oder andere «nette» Vertreter der Skorpionsfische. Wie der Name schon sagt, sind sie gefährlich und verfügen über giftige Stacheln auf dem Rücken, mit denen sie sich schützen. Versucht ein grösserer Fisch sie zu fressen, bereut er es schon bald. Der Jagdvorteil der Skorpionsfische ist nicht das schnelle Schwimmen, sondern die perfekte Tarnung. Oft liegen sie stundenlang reglos im Sand, bevor sie plötzlich ihr Maul aufreissen und die ahnungslose Beute schlucken. Auch der Taucher muss hier aufpassen, denn oft sieht er die reglos daliegenden, gut getarnten Viecher nicht. Wehe dem Taucher, der sich, ohne sich umzusehen, im Sand abstützt. Allzu leicht kann das schiefgehen, denn das Gift einiger Skorpionsfische kann tödlich sein. Allerdings handelt es sich dabei um Eiweissgifte, die durch Hitze zerstört werden können. So mindern heisse Umschläge an den Einstichstellen die Wirksamkeit des Giftes.

Die gleiche Jagdtechnik wie Skorpionsfische benutzen auch weniger gefährliche Tiere wie Eidechsen- oder Anglerfische. Auch sie warten, bis ein Beutetier in ihre Reichweite kommt, und beissen dann zu. «Fressen und gefressen werden» heisst eben auch hier im Wasser die Devise der Natur.

I love deserts, be it above or under the water. Whereas life is very scarce in the deserts on land it can be thrilling to find special creatures on sandy bottoms especially in the waters of Eastern Indonesia. Many experienced divers like to roam the sandy areas, go muck diving as they call that. On the sand you find some of the strangest and most bizarre animals. Also here you have to look closely because many of them are extremely well camouflaged.

On the following pages I bring you a choice of them. I start with gobies who build themselves holes in the sand as a perfect housing in which they can withdraw. Often they get house cleaning service by little shrimps. It is a perfect symbiosis: the shrimps have limited eyesight and are warned by the gobi when there is danger. The gobies on the other hand get a clean apartment.

Dug in the sand a lot of predators lie in wait of a prey. When they snap at another fish they suddenly are very fast because there are not so many opportunities. Among the fishes in wait there are real monsters like the stargazer, the devilsfish the stonefish and other nice representatives of the scorpionfish family. As the name indicates these fishes are dangerous and possess poisonous spines on their back. If a larger predator tries to eat them he is in for a nasty surprise. The advantage of the hunter is above all its perfect camouflage. Often they lie motionless for hours in the sand and also divers have to be careful not to accidentally step on their poisonous spines. Their vernom is very strong but it is a protein venom that can be destroyed by heat. Hot compresses on a sting wound can help to reduce the effect of the poison.

The same hunting tactic is used by the lizardfishes. They also wait till a potential prey is within their reach to attack it very fast. To eat and be eaten is the motto of nature.

Versteckt im Sand lauert ein junger Krokodilsfisch auf Beute.

Hidden in the sand a juvenile crocodilefish lies in wait for prey.

Vorherige Doppelseite: Hallo, ist da jemand? Wächter-Grundeln auf dem Ausguck. Jede bewohnt ihr eigenes Loch im Sand. Links: Randalls Partnergrundel *(amblyeleotris randalli)*. Rechts: Eine Zitronen-Wächter-Grundel. Grundel und Krebs bilden eine Symbiose. Der hübsche Knallkrebs *(alpheus ellulus)* sieht schlecht und putzt dafür ausgiebig die gemeinsame Wohnung, die Grundel *(cryptocentrus cinctus)* warnt ihn bei Gefahr.

Gobies look out of their sandy homes, left a Randall- and right a banded shrimpgoby. Goby and shrimp live in symbiosis in the same sand hole. The shrimp doesn't see very well so the goby is on the lookout. The shrimp on the other hand cleans the common household, carries sand and rubble out of the hole.

Ein Eidechsenfisch *(synodus dermatogenys)* lauert auf Beute ...

A lizardfish lies in wait on the sand ...

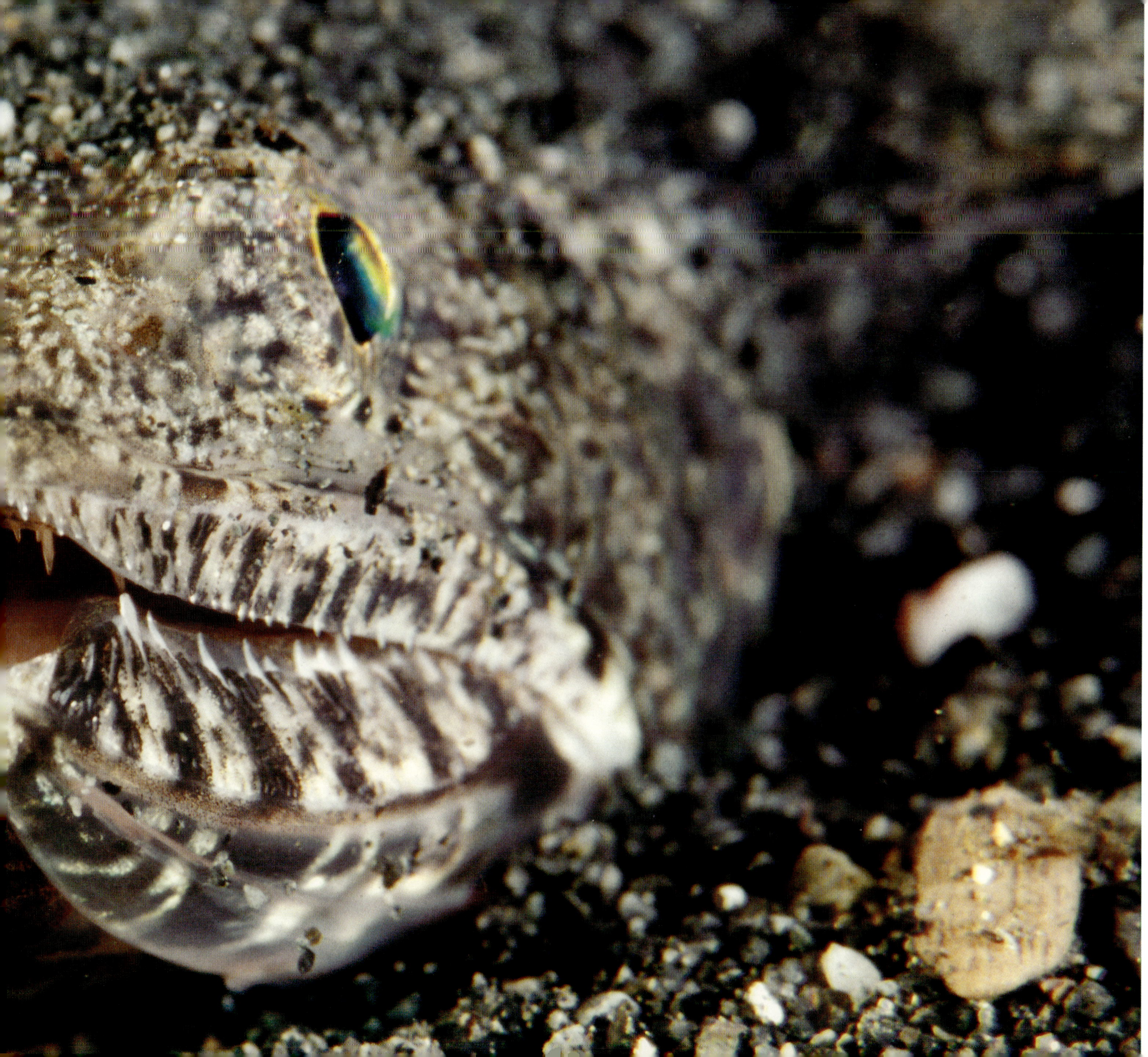

Es hat sich gelohnt. Als ich den Eidechsenfisch fotografierte, wusste er nicht, ob er fliehen und die Beute verlieren oder mich näher heranlassen wollte. Durch sachtes Herantasten einigten wir uns auf einen Kompromiss, er behielt seinen Fisch und ich bekam ein tolles Foto.

He was successful. When I took this picture he had to decide whether to let me come closer or leave his prey and swim away hungry. We made a compromise that let him keep his fish and get me my beautiful picture.

Auch Teufelsfische *(inimicus didacty-lus)* warten im Sand auf ihre Chance. Dazu graben sie sich ein und passen sich völlig dem Untergrund an, um dann plötzlich ihr Maul aufzureissen und zuzuschnappen. Sie gehören zu den Skorpionsfischen und verfügen über giftige Rückenflossenstrahlen.

Devilfish also lie in wait hidden in the sand. Then suddenly they can open their big mouth and swallow their prey. Devilfish belong to the scorpion fish family and have venomous dorsal spines.

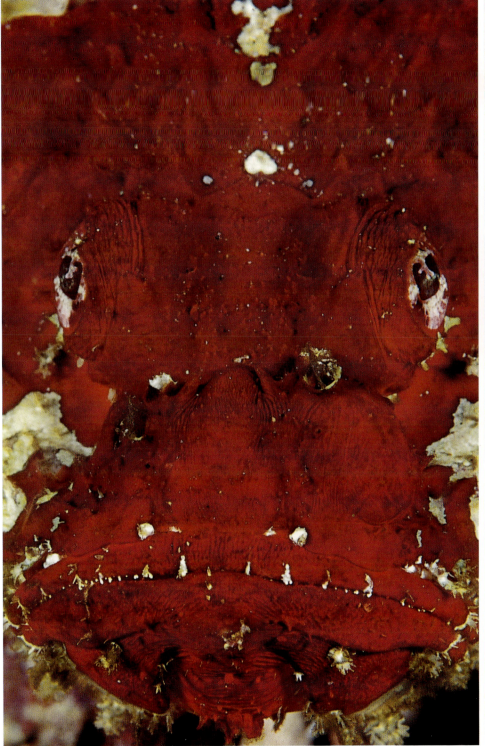

Die Tiere, die hier im Sand auf Beute lauern, könnte man als Monsterkabinett der Meere umschreiben. Linke Seite: Ein Sternengucker *(uranoscopus sulphureus)* im schwarzen Sand. Diese Seite, links: Ein Skorpionsfisch oder Drachenkopf *(scorpaenopsis sp.)*, daneben von oben nach unten: Ein Steinfisch *(synanceia verrucosa)*, ein grosser Drachenkopf *(scorpaenopsis oxycephula)* sowie ein weiterer gelber Buckeldrachenkopf *(Scorpaenopsis macrochir)*. Alle diese Fische verfügen über giftige Rückenflossenstrahlen.

What lies here in the sand you could call the monster cabinet of the sea. Opposite: A stargazer in black sand. This page, left: A big red scorpionfish. Right from top to bottom: A gallery of members of the scorpionfish family, like the stonefish, the tasseled scorpionfish and the yellow flasher scorpionfish. All these fishes have venomous dorsal spines.

Weitere schwer zu findende Monster im Sand, links der Ambon Skorpionsfisch *(pteroidichthis amboinensis)*, den man fast nicht als Fisch erkennt, und auf der rechten Seite verschiedene Vertreter der Schluckspechte, oben der Tentakel-Schluckspecht *(rhinopias frondosa)* und unten je ein Algen-Drachenkopf *(rhinopias aphanes)* in ihren besonderen Farbkleidern.

Some more monsters in the sand, left, the Ambon scorpionfish, hardly recognisable as a fish and right several species of the weedy scorpionfish.

Ein grosser Buckeldrachenkopf *(scorpaenopsis diabolus)* liegt drohend auf dem Sand, daneben von oben nach unten drei verschiedene Strinflosser, ein Kakadu-Stirnflosser *(ablabys macracanthus)*, ein weissgesichtiger Stirnflosser *(richardsonichthys leucogaster)* sowie ein Langstachel-Stirnflosser *(paracentropogon longispinis)*. Diese Fische sehen aus wie Blätter, gehören aber ebenfalls zu den Skorpionsfischen.

A devil scorpionfish lies menacingly on the sand, left. On the right from top to bottom: Three members of the waspfish family, a cockatoo waspfish, a whitefaced waspfish and a longspine waspfish. These fishes look like leafs and are related to the Scorpionfishes.

Ein Rencontre der besonderen Art. Ein Panther-Butt schiebt sich über einen getarnt im Sand eingegrabenen Teufelsfisch. Unten: Der Kopf des Panther-Butts *(Bothus pantherinus)* gibt einen Einblick in die Evolution. Wie bei allen Flundern ist das eine Auge nach oben gewachsen, das Maul liegt noch immer seitwärts. Daneben eine rote Barbe *(mulloidichthys pflugeri)*, die mit ihren Barteln Beute im Sand aufstöbern kann.

A special kind of meeting: A leopard flounder shifts over the head of a devilsfish which is dug in the sand. Below: The head of the leopard flounder is a mirror of evolution. The right eye has moved to the top to better live on the sand. The mouth is still on the side. Next to it a red goatfish uses its barbels below the mouth to find prey in the sand.

Linke Seite: Das Auge eines Sand-schlangenaals *(ophichthus mela-nochir)*. Schlangenaale graben sich vollständig im Sand ein und strecken nur den Kopf heraus. So warten sie regungslos, bis ein Beutefisch vorbeischwimmt. Rechte Seite. Der gleiche Schlangenaal etwas totaler, danehen weitere Vertreter dieser Familie, von oben nach unten: Ein Reptilien-Schlangenaal *(brachysomophis henshawi)*, ein Marmor-Schlangenaal *(callechelys marmorata)* sowie ein Napoleon-Schlangenaal *(ophichthus bonaparti)*.

Opposite: The eye of a snake eel. Snake eels dig themselves in the sand. Only the head sticks out. Immobile they wait till they can catch some prey. This page: The head of the same snake eel, and some other members of this species, from top to bottom, a reptilitan snake eel, a marbled snake eel and a Napoleon snake eel.

Die Vielfalt der Sandbewohner scheint grenzenlos zu sein. Oben links ein Kuh- oder Langhornkoffer-fisch *(lactoria cornuta)*. Er schützt sich mit einem Knochenpanzer, und auch sein Fleisch ist giftig. Rechts daneben ein Flügelrossfisch *(eurypegasus draconi)*, der über den Sand kriecht. Links unten: Auch dieser Finger-Leierfisch *(dactylopus dactylo-pus)* krabbelt auf seinen Brustflossenspitzen über den Sandboden. Rechts unten: Das ist vermutlich ein junger Drücker- oder Feilenfisch oder eine neue Art. Gesehen haben wir ihn eines Nachts.

The variety of sand dwellers seems infinite. Top left: A longhorn cowfish. It is protected by its horns and its meat is poisonous. Right: A pegasus sea moth walks over the sand, as well as a fingered dragonet. Below right: I don't know what kind of fish this is, maybe a juvenile triggerfish or a new species. We found him one night on the sand.

Ein grosser Schwarm von gestreiften Korallenwelsen *(plotosus lineatus)* durchwühlt den Sand auf der Suche nach kleinen Tieren und Algen. Neugierig observiert eine dunkle Schlätergrundel *(oxyurichthys sp.)* ihr Territorium. Sie ist wissenschaftlich noch immer unbestimmt. Unten rechts: Der Schlangen-Säbelzähner *(Xiphasia setipher)* kann sich, ähnlich wie ein Schlangenaal, im Sand eingraben, sodass oft nur der Kopf hervorschaut.

A school of striped catfish tries to catch food in the sand. Curious a dusky sleeper goby inspects its territory. It is still scientifically not classified. The snake blenny below right can dig itself in the sand, like a snake eel and is often taken for one.

Linke Seite: Der Orange Speerer *(lysosquillina lisa)* gräbt sich ein Loch im Sand, in welchem er lebt. Rechte Seite: Eine Krebsgemeinschaft zwischen einem Speerer *(lysosquillina lisa)* und einer blauen Scherengarnele *(stenopus tenuirostris)*. Letztere amtet als Putzer für den grossen Krebs und befreit ihn von Speiseresten und Parasiten. Unten links: Die Faxons Garnele *(solenocera faxoni oder sp.)* gräbt sich tagsüber im Sand ein und kommt nur nachts heraus. Eine Partnergarnele *(penchmenes magnificus)* hüpft über den Sand auf der Suche nach einer Seeanemone oder Pilzkoralle.

Opposite: An orange spearing mantis lives in a hole in the sand. This page top: A community of crustaceans, a spearing mantis with a blue boxer shrimp that acts as a cleaner for the big friend. Below left: A Faxon's shrimp that only comes out of the sand at night. Besides a commensal shrimp hovers over the sand in search of an anemone or a mushroom coral.

Ein stumpfer Bärenkrebs *(Scyllarides squammosus)* krabbelt nachts über den Sandboden. Tagsüber versteckt er sich zwischen Steinen. Der Pfauen-Schmetterer oder Clown-Fangschreckenkrebs *(odontodactylus scyllarus)* blickt aus seinem selbst gebauten Loch. Er kann blitzschnell zuschlagen. Rechte Seite: Die Spannerkrabbe *(ranina ranina)* sieht man selten so. Meistens buddelt sie sich im Sand ein, sodass nur ihre Augen herausragen.

A slipper lobster which is hidden during the day crawls over the sand at night. Right: A peacock mantis shrimp looks out of its selfmade hole. Opposite: You can rarely see this spanner crab like that. Most of the time only the eyes stick out of the sand.

Nächste Doppelseite: Grosse Krabben schauen dich in der Nacht an, wenn sie aus ihren sandigen Verstecken herauskommen, links eine blaue Schwimmkrabbe *(portunus pelagicus)*, die von den Asiaten als Delikatesse geschätzt wird, und rechts eine weitere Schwimmkrabbe.

Next double pages: Huge crabs look at you when they crawl out of their sandy hiding places at night, left a blue swimmer or flower crab, also revered as a gourmet speciality in Asia and right another swimmer crab.

Die flammende Sepie *(metasepia pfefferi)* kann ihre Farben je nach Stimmung verändern. Auf der ganzen Doppelseite ist stets das gleiche Tier zu sehen.

The flamboyant cuttlefish can change its colors when it is irritated. On this double page you always see the same animal.

Diese Stummelschwanz-Sepie
(euprymna morsei) gräbt sich
gerne im Sand ein. Nur nachts
kommt sie heraus und zeigt
ihr türkisfarbenes Kleid.

The bobtail squid also comes
out at night and gets back into
the sand when it is disturbed.

Sepien trifft man oft in den Riffen
Ost-Indonesiens. Sie können blitz-
schnell ihr Farbkleid wechseln, je
nach Stimmung und Untergrund.
Leider sind sie auch ein bevorzugter
Fang von Fischern.

Cuttlefish are a common sight in the
reefs of Indonesia. They can change
their colors very fast according to
mood or background. Unfortunately
they are also heavily fished.

Linke Seite: Die Sepie kann regungslos verharren und im nächsten Moment davonschiessen und ihr Farbkleid wechseln. Diese Seite: Diese Kraken-Art ist unbekannt *(octopus sp.)*, vermutlich eine Jungform, der Kameramann dagegen ist bekannt.

Opposite: Cuttlefish can stay immobile and suddenly flash away and change their look. This page: This octopus species is unknown, probably a juvenile species, the cameraman however is quite well-known.

Kraken auf der Suche nach einer Behausung.
Der Stern-Nachtkrake kriecht über den Sand
(octopus luteus), der andere Krake *(octopus sp.)*
hat eine Zigarettenschachtel als Unterschlupf
für sich entdeckt, der dritte eine kleine Muschel.

Octopuses crawl over the sand looking for decent
housing. One has found a cigarette box the other
a more natural habitation, an empty shell.

Wissenschaftlich erst vor kurzem bestimmt wurden diese bunten Kraken, oben der skurrile Wunderpus *(wunderpus photogenicus)*, unten der Mimic Octopus *(thaumoctopus mimicus)*, ein Tintenfisch, der andere Tiere imitiert.

The octopuses on this page have been only recently discovered. Top: The wonderpus lives on sandy slopes and is often taken for the mimic octopus, below. This octopus mimics other animals and is also very rare and shy.

Die Nacht ist die Zeit der Kalmare. Sie schiessen dann durchs offene Wasser und werden auch von Lampen angelockt. Solchen Grossflossen Riffkalmaren *(sepioteuthis lessoniana)* zu begegnen ist jedes Mal ein tolles Erlebnis.

The night is the time for the squids. They come to the divers attracted by the lights. To swim with bigfin reef squids is a fantastic adventure.

Im Sand leben auch urtümliche Würmer wie zum Beispiel der Bobbit-Wurm. Er schiesst hervor, um eine Beute zu fangen. Links ein junges Tier, rechts eine unbestimmte Art *(eunice sp.)*.

The bobbit worm is a very strange sand dweller that can shoot out of its hole to catch prey. Left a juvenile, right a strange unidentified species.

Die Ölmarke Shell mit dem Muschelsymbol lässt grüssen.
Feilenmuscheln *(limaria orientalis)* tummeln sich gerne
auf dem Sand. Sie können sich durch Auf- und Zuklappen
der Schalen fortbewegen. Die langen Tentakel helfen ihnen
zusätzlich beim Schwimmen.

The symbol of the oil company Shell, file clams on the sand.
These clams can move around by clapping their shells, the
tentacles give them additional support.

Die Kavallerie der Meere: Seepferdchen. In Ostindonesien kommen sie
noch häufig vor, aber leider werden
auch sie gefischt, in China gegessen
oder als Medizin verabreicht.
Verschiedene Farbvarianten von
dornigen Seepferdchen und unten
links ein Ästuar-Seepferdchen
(hippocampus kuda).

Seahorses, the cavalry of the oceans.
They like sandy bottoms and are still
abundant in far eastern Indonesia.
But they are now also harvested
to be eaten or used as medicine in
China.

Links: Ein dorniges Seepferd
(hippocampus histrix). Rechts:
Am Ende eines Tauchgangs stiess
dieses Seepferd-Männchen plötzlich
Dutzende von Jungen aus seiner
Bruttasche aus, ein Ereignis,
das selten in freier Wildbahn
beobachtet werden kann.

Left: A thorny seahorse. Seahorses
have a special way of reproduction
as it is the male who hatches the
eggs in its breastpocket. Opposite:
One day we were witnesses to a
unique spectacle, a male giving
birth to dozens of little seahorses
in front of our cameras. This is a
scene rarely observed in the wild.

Unter Wasser gibt es eine unglaubliche Vielfalt von Schnecken. Oben: Eine klassische Schnecke wie die Harfenschnecke *(harpa sp.)* trägt ihr eigenes Haus herum. Links unten: Noch sicherer ist es aber, sich mitsamt seinem Haus im Sand einzugraben, wie die Mondschnecke *(polinices sp.)* das macht. Rechts unten: Diese Schnecke nennt man Flankenkiemer *(umbraculum umbraculum)*. Sie hat statt einem Haus nur einen Deckel, und lediglich ihre Fühler verraten, dass es sich hier überhaupt um eine Schnecke handelt.

At night a lot of slugs dare to crawl over the sand. Top: A classic slug, like the harp shell, carries its house around. Bottom left: Even more protection you get when you dig yourself in with your house in the sand, like this moon shell. Bottom right: This strange slug has just a plate covering the dorsum. The body is circular with pustules and you can only recognise it as a slug by its pair of feelers or tubular rhinophoral tentacles.

Die orangefarbene Neonsternschnecke *(thecacera pacifica)* ist eine Augenweide. Sie hat auf der Indito den Übernamen «Bugs Bunny». Unten Porträts von einer K.norpot *(hornimni minor)* und einer Warzenschnecke *(phyllidia varicosa)*.

This orange nudibranch is a pleasure for the eyes. Below portraits of sea slugs, left a neon slug and right a wart slug.

Vorherige Doppelseite: Zwei verschieden gefärbte Paare der wunderschönen Prachtsternschnecke *(Hypselodoris bullocki)*. Obschon die meisten Schnecken Hermaphroditen sind, paaren sie sich und legen dann auch Eier ab, wie das gelbe Gelege rechts zeigt.

Previous double page: Two pairs of diffferently colored blue dorid nudibranchs. Most sea slugs are hermaphrodites but they mate and put an eggring on the reef, foto on the right.

Auch diese Prachtsternschnecken *(mexichromis macropus)* sind gerade bei der Paarung. Unten: Weitere Nacktkiemenschnecken, links eine Prachtsternschnecke *(chromodoris reticulata* jetzt neu *tinctoria)* und rechts die Neonsternschnecke *(gymnodoris rubropapulosa)*.

These two nudibranchs at right are also mating. Below: Two more nudibranchs display their fantastic colors.

Oben: Die räuberische Neonsternschnecke *(roboastra luteolineata)*
kriecht über den Sand auf der Suche
nach anderen Schnecken, die sie
vollumfänglich verschlingt.
Unten: Diese zwei farbenprächtigen
Prachtsternschnecken *(ceratosoma
magnificum und aphelodoris sp.)*
ernähren sich dagegen lieber von
Schwämmen.

Above: This nudibranch is a fearsome
hunter of other nudis, which it
devours completely. The two nudibranchs below are crawling over the
sand to look for sponges.

Diese Prachtsternschnecke *(Chromo-doris kuniei)* hebt ihren Mantel an. Obwohl Schnecken sehr langsam sind, gibt es auch hier Passagiere, die sie als ihre kleine Welt aus-erkoren haben. Rechts: Eine Imperatorgarnele (periclimenes imperator) auf einer Prachtstern-schnecke *(ceratosoma Sp 3)*.

This nudibranch can wave with its mantle. Opposite: Despite the fact that slugs are slow movers some passengers have chosen them to be their mobile home, like the emperor shrimp at right on this red nudibranch.

Linke Seite: Eine grüne Neonsternschnecke *(nembrotha millori)* mit ihrem Passagier, einer Imperatorgarnele *(periclimenes imperator)*.
Oben: Wie eine Blume liegt ein Eigelege im Riff. Es stammt von einer grossen Nacktkiemenschnecke, der spanischen Tänzerin *(hexabranchus sanguineus)*. Unten links. Die spanische Tänzerin erhielt ihren Namen, weil sie bei Bedarf mit Tanzbewegungen durchs Riff schweben kann. Auch sie wird oft von Imperatorgarnelen, die es sich zwischen den Kiemen bequem machen, bewohnt.

Opposite: This green nudibranch also carries an emperor shrimp as passenger.
This page: What looks like a red flower in the reef is in reality an eggring of a spanish dancer, the largest of the nudibranchs. Below left: The spanish dancer got its name, because it can glide with dance like movements of its mantle through the water to get away if irritated. The spanish dancer often carries commensal emperor shrimps that hide in the gills.

Nächste Doppelseite: Stilleben auf einer spanischen Tänzerin, links eine Imperatorgarnele *(periclimenes imperator)*, rechts ein Fühler der Schnecke.

Next double page: Still life on a spanish dancer, left an emperor shrimp, right one of the feelers or rhinophores of the slug. They are very sensitive chemical receptors to notice danger, prey or other mates.

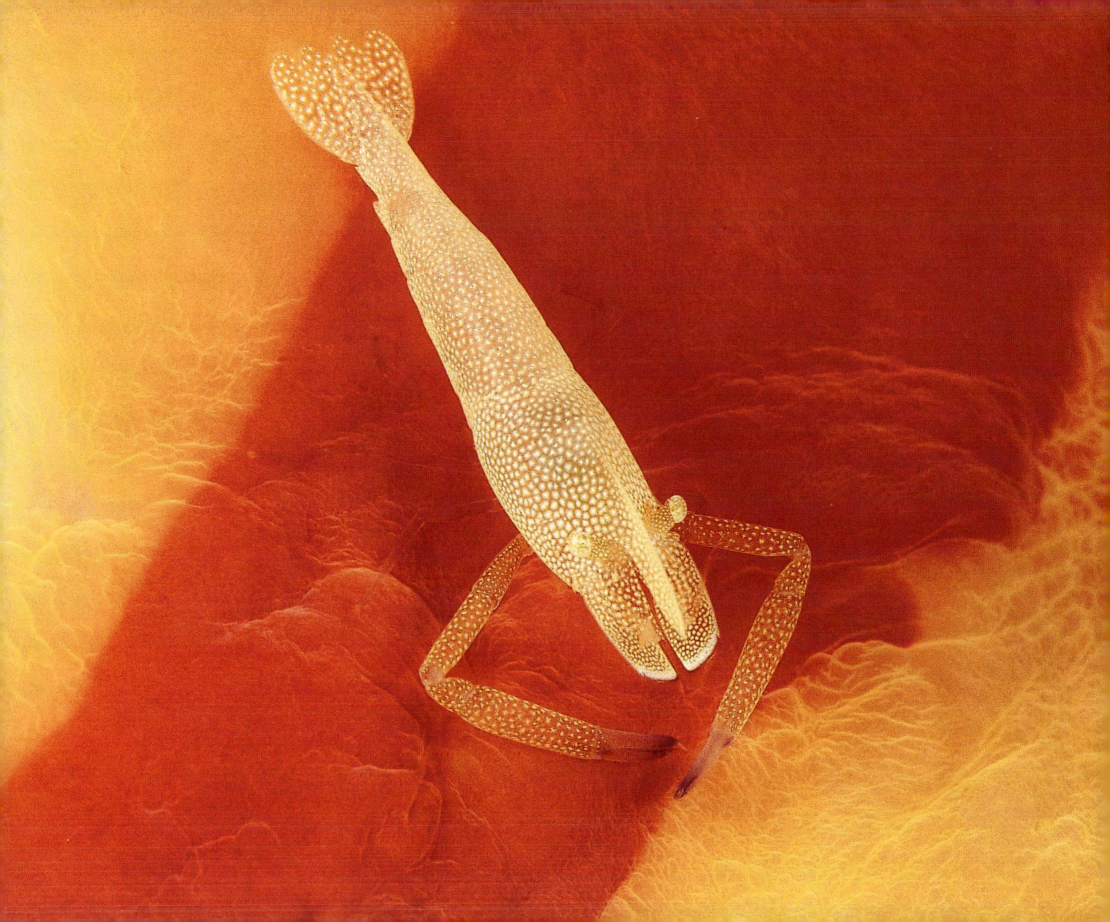

Schwämme gibt es in allen möglichen Formen und Farben. Es sind primitive Tiere, die sich durch Einstrudeln von Wasser, aus dem sie Plankton herausfiltern, ernähren. Auch auf ihnen lebt wiederum eine Vielzahl von kleinen Tieren. Oben: Ein Kugelfisch (*Arothron stellatus*) fühlt sich wohl geborgen im Schwamm, unten links eine Fadenschnecke (*Flabellina exoptata*), unten rechts eine Spinnenkrabbe.

Sponges are primitive animals of many shapes. They are filter feeders and pump water through their body to catch plankton. A lot of smaller animals choose to live on them. A pufferfish feels protected in a sponge. Below left: An aeolid nudibranch and right a spider crab also share the same kind of host.

Linke Seite: Ein flacher Drachenkopf *(scorpaenopsis oxycephala)* liegt auf einem Schwamm regungslos auf der Lauer. Oben: Eine rosa Springkrabbe *(lauriea siagiani)*, daneben eine Leoparden-Kaurischnecke *(cypraea tigris)*. Gehäuse von solchen Schnecken, die man als Kauri-Muscheln bezeichnet, werden an vielen Orten als Schmuck verwendet.

Opposite: A flathead scorpionfish lies motionless on a sponge, waiting for prey. Above: This hairy squat lobster lives exclusively on sponges. Right: A tiger cowry whose shell is used for ornament.

Nächste Doppelseiten: Typische Riffpassage in Misool. Die Strömung bringt Nahrung für Schwämme und Weichkorallen. Daneben: Ein Kurzstachel-Igelfisch *(cyclichthys bicularis)* sucht Zuflucht in einem Fass-Schwamm.

Next double page: A typical reef passage of Misool. Where strong currents prevail, sponges and soft corals thrive, because there is a constant flow of plankton. Right: An orbicular burrfish seeks refuge in a barrel sponge.

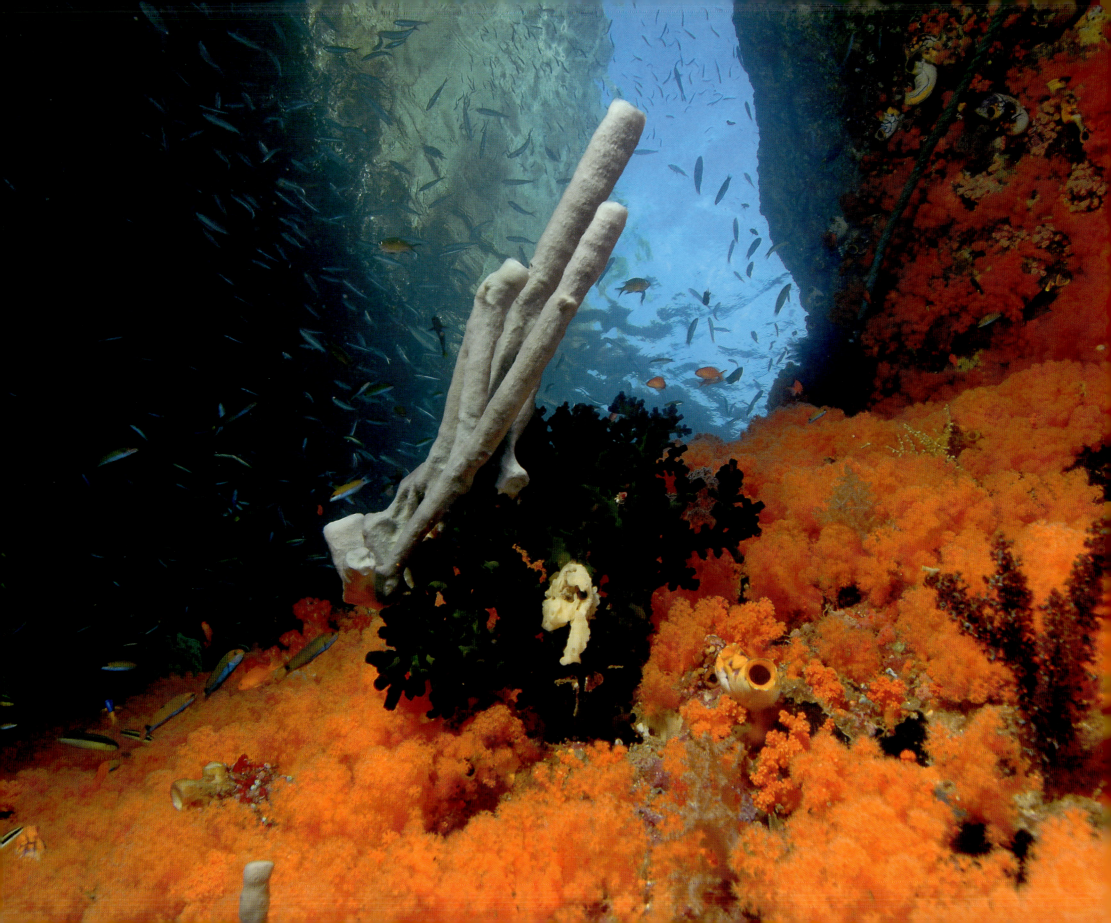

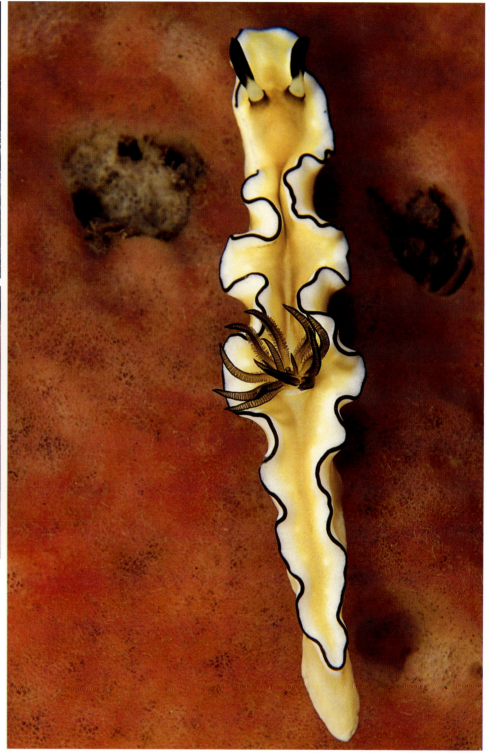

Oft findet man auf Schwämmen bunte Schnecken, die sich
auch von ihnen ernähren. Links oben: Eine Neonsternschnecke
(nembrotha rutilans) kriecht über einen Schwamm, darunter
eine weisse Reiher-Prachtsternschnecke *(ardeadoris egretta)*
und rechts eine weitere pittoreske Prachtsternschnecke
(glossodoris atromarginata).

Colorful nudibranchs are often found on sponges and also eat
them as part of their diet.

Anglerfische imitieren Schwämme. Auf diesem Korallenblock
haben sich drei grosse Anglerfische *(antennarius commersonii)*
versteckt. Sie vertrauen auf ihre perfekte Tarnung.

Angler- or frogfishes try to be taken for sponges. Here three
of them share the same coral bommie. They rely on their
perfect camouflage.

Linke Seite. Anglerfische, hier der Riesen-Anglerfisch *(antennarius commersonii)*, verfügen über eine Angelrute mit Köder, um ihre Beute anzulocken.
Rechte Seite: Anglerfische zu entdecken ist jedes Mal ein besonderes Erlebnis. Der gelbe Riesenanglerfisch *(antennarius commersonii)* sieht aus wie ein Schwamm und sitzt auch auf einem. Unten: Diese Anglerfische verharren reglos im Sand, links der gemalte oder Rundflecken-Anglerfisch *(antennarius pictus)*, daneben ein Clown- oder Warzen-Anglerfisch *(antennarius maculatus)* in seiner juvenilen Form.

Opposite: A giant frogfish waits for prey. It has a sort of fishing rod with a lure to attract its prey. Therefore it is also called anglerfish.
Page right: To find an anglerfish is a special experience, they come in all forms and sizes. Top: This giant anglerfish not only mimics a sponge it also sits on one. Below: A painted frogfish and a juvenile warty frogfish.

Porträts von Anglerfischen, links ein Riesen-
Anglerfisch *(antennarius commersonii)*, rechts
ein Clown-Anglerfisch *(antennarius maculatus)*
Seite rechts: Dieser seltene, haarige Anglerfisch
(Antennarius sp.) sieht aus wie ein Rasta-Musiker.

Portraits of anglerfishes: Left a giant frogfish
right a warty one. Opposite: This rare hairy
frogfish looks like a Rasta musician.

Linke Seite: Ungewöhnliche Tauchplätze, zum Beispiel unter Booten, sind oft sehr ergiebig, um ausgefallene Kreaturen, die sich hier verstecken, zu finden. Über der Ankerkette schwimmen ein Zwergfeuerfisch *(dendrochirus brachypterus)* und ein Wimpelfisch *(heniochus acuminatus)*. Rechte Seite: Feuerfische signalisieren von weitem «Achtung, ich bin giftig». Oben: Ein Kurzflossen-Zwergfeuerfisch *(dendrochirus brachypterus)* entfaltet seine Flossen. Feuerfische jagen ihre Beute, indem sie diese mit ihren Flossen in eine Ecke drängen, um sie dann ganz zu verschlucken. Jeder dieser zwei Zebra-Zwergfeuerfische *(dendrochirus zebra)* trägt ein anderes Farbkleid.

Opposite: Unusual dive spots, for example below the boats in a harbour, are often very special places, where you find a lot of critters. Above the anchor swim a shortfin lionfish and a longfin bannerfish. This page: Lionfishes signal danger, they have venomous spines. Lionfishes hunt their prey by pushing it into a corner with their huge fins and then swallowing it. Top: A shortfin lionfish expands its pectoral fins. Below: Two color versions of the same zebra lionfish.

Ungewöhnliche Plätze für ungewöhnliche Fische. Zwei Schleimfische; links ein Lanzen-Säbelzahnschleimfisch *(aspidontus taeniatus)* in einem Loch. Rechts ein anderer Säbelzahn-Schleimfisch *(petroscirtes breviceps)*, der sich eine Bierflasche als Wohnung nahm.

Unusual places for unusual fishes. Two different blennies, left a lance blenny in a hole, right a striped poison-fang blenny in a beer bottle.

Ungewöhnliche Fische sind auch die kleinen Feilenfische wie der juvenile gelbe auf der linken Seite *(rudarius sp.)*. Der weissgefleckte Zwergfeilenfisch vetraut ebenso auf seine Tarnung wie der Radialfeilenfisch *(acreichthys radiatus)* rechts.

This double page is dedicated to another unusual creature, the filefish. Opposite: A very small juvenile filefish. Right: The white spotted pygmy filefish as well as the radial filefish rely on their camouflage.

Linke Seite: Unter den gut durch-
strömten schattigen Fels-Pfeilern
von Misool gedeiht viel Leben.
Rechte Seite: Ein fantastischer
Anblick sind die entfalteten Polypen
der orangefarbenen Kelchkorallen
(tubastrea coccinea). Sie kommen
heraus bei Strömung oder in der
Nacht, um Plankton zu fangen. Aber
auch hier gedeiht ein spezialisierter
Räuber, die Becherkorallen-Wendel-
treppe *(epitonium billeeanum)*,
unten rechts. Diese Schnecke frisst
mit ihrem langen Rüssel die Polypen
der Korallen.

Opposite: Under the rocks of Misool
there is an abundance of life. This
page: The polyps of the orange cup
corals are a fantastic sight. They
come out at night or when there
is current.Below right: Also here
thrivesa very specialised predator,
the golden wentle trap, a slug that
eats the coral polyps.

Linke Seite: Zwei pittoreske Fadenschnecken kriechen über einen Korallenzweig (flabellina exoptata). Rechte Seite: Diese speziellen Schnecken wehren sich auf ihre Weise. Der rote Saftsauger (cyerce elegans), oben links, und darunter der schwarze Saftsauger (cyerce nigricans) können bei Gefahr ihre Fortsätze abstossen. Sie sind Vegetarier und gehören nicht zu den Fadenschnecken, obwohl sie ähnlich aussehen. Die richtigen Fadenschnecken (rechts oben phidiana sp. und rechts unten phyllodesmium briareum) dagegen füllen ihre Fortsätze mit Nesselzellen von ihren Beutetieren.

Opposite: Two aeolid nudibranchs crawl over a coral leaf. They got their name from the Greek god Aeolis, god of the wind. This page: These very special slugs have different kinds of defense mechanisms. The cyerce sea slugs, left top and bottom, cast off their flat leaf-like cerata when disturbed. They are vegetarians and do not belong to the aeolid family. The real aeolid nudibranchs on the other hand stuff stinging cells of polyps in their cerata to fend off attackers.

Oben: Diese Zirren-Fadenschnecke *(phyllodesium longicirra)* hat Algen in ihren Fortsätzen gelagert, die Amerikaner bezeichnen sie deshalb als solarbetrieben. Die andere Fadenschnecke *(phyllodesmium rudmani)* imitiert mit ihren weissen Rhinophoren perfekt eine Pumpkoralle. Rechte Seite: Fadenschnecken sind zwar winzig, aber dafür umso prachtvoller *(flabellina rubrolineata)*.

Above: This aeolid nudibranch has stored algae in its cerata. The Americans therefore call it solar powered. The aeolid nudibranch at right mimics perfectly a pulse coral. Opposite: A fantastic aeolid nudibranch.

Die winzigen Weihnachtsbaum-Röhrenwürmer (*spirobranchus giganteus*) verschönern die Riffe. Mit ihren blumenförmigen Kiemen nehmen sie einerseits Sauerstoff auf und filtern Nahrung aus dem Plankton. Unten links sieht man die mikroskopisch feinen Härchen, die Cilien, die sie dazu benutzen. Bei Gefahr ziehen sie sich blitzschnell in ihre Röhre zurück.

They resemble christmas trees but they are tube worms. With their spirals they filter plankton out of the water and breathe oxygen at the same time. Below left you see a close up of the radioles that they use for this purpose. When there is danger they withdraw into the tube.

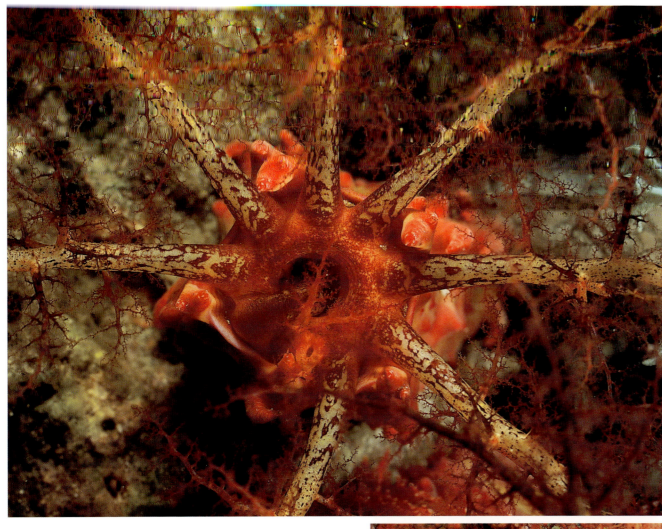

Seegurken haben nichts mit Gemüse zu tun, sondern sind Tiere und gehören zu den Stachelhäutern. Links eine Apfel-Seegurke (pseudo-colochirus violaceus), rechts das Maul mit den Tentakeln sowie mehrere Exemplare der rosa Seegurke (pentacta ancops).

Sea cucumber – this is no vegetable but an animal belonging to the echinoderm family, like seastars or sea urchins. Opposite: A sea apple, a special sea cucumber. This page: Details of the mouth of a spiny sea cucumber. Below: Crowds of spiny sea cucmbers.

Gewisse Seegurken treten gerne geballt auf, zum Beispiel die Lamberts
Wurmseegurken *(synaptula lamberti)* links, die tatsächlich wie Würmer
aussehen und auf Schwämmen anzutreffen sind, oder die gelben robusten
Seegurken *(colochirus robustus)*, die oft fälschlicherweise mit Schnecken
verwechselt werden.

Some sea cucumbers like to gather in crowds too. Left: Lamberts medusa
worms on a sponge. They are also holothurians and not worms despite
their looks and their name. The yellow sea cucumbers, right, sometimes
are taken for nudibranchs, but they are filter feeders like the sea apple.

Wie diese haarige Krabbe auf eine Seegurke kam, weiss ich nicht, und auch die zwei Partnergarnelen *(periclimenes brevicarpalis)* rechts bevorzugen normalerweise Anemonen.

Sea cucumbers are also a habitat for other animals. I don't know why this fuzzy crab chose to be on a sea cucumber and also the other two commensal shrimps normally prefer anemones.

Beliebte Gäste auf Seeanemonen
sind gepunktete Harlekin-Krabben
(lissocarcinus orbicularis), unten
links, sowie Imperatorgarnelen. Die
Imperatorgarnelen kommen dabei
in verschiedenen Farbvarianten vor.
Rechte Seite: Zwei Imperatorgarnelen
(periclimenes imperator) auf einer
Wurmseegurke *(synapta sp.)*.

Here are some common guests of
sea cucumbers, a sea cucumber crab,
below left, and emperor shrimps,
top and below right. You find
emperor shrimps in different color
variations on sea cucumbers.
Opposite: Two Emperor shrimps
ona worm sea cucumber.

Habitat Hydrozoen oder Nesselfarne *(aglaophenia cupressina)*.
Wie der Name schon sagt, sehen diese Tiere wie Farne aus,
sind aber stark nesselnd, sodass es auch für Taucher heisst:
Hände weg. Doch gerade diese starken Nesselzellen machen
sie attraktiv für allerlei Bewohner, die sich in ihrem Schutz
wohlfühlen. Rechte Seite: Diese Fadenschnecken *(trinchesia
yamasui)* allerdings fressen die Nesselzellen der Hydrozoen
und lagern sie in ihren Fortsätzen auf dem Rücken ab.

They look like plants but they are animals with stinging cells
like corals. Also divers must be careful not to touch them, but
that makes them attractive to other animals, which hide in
them. Opposite: These aeolid nudibranchs on the other hand
eat the hydroids and put their stinging cells into their cerata.

Unten: Diverse Tiere finden auf den Nesselhydrozoen einen sicheren Platz wie diese kleine Krabbe oder der robuste Geisterpfeifenfisch (solenostomus cyanopterus). Oben: Diese Spinnenkrabbe (achaeus sp.) geht aber einen anderen Weg, sie steckt sich Zweige von Nesselfarnen auf den Panzer. Ein perfekter Schutz sowohl physisch wie optisch.

Several small animals use the hydroids for cover, below left, a little crab, below right, a robust ghostepipefish. Above: This crab chooses another way of camouflage and protection. It puts branches of stinging hydroids on its shell.

Seite rechts: Pilzkorallen sind nicht festgewachsen und liegen oft wie steinerne Teller im Riff. Die Koralle besteht aus einem einzigen grossen Polypen, der seine Tentakel ausfahren kann.

Opposite: Mushroom corals often lie around the reef like plates. They consist of one big polyp that can extend its tentacles.

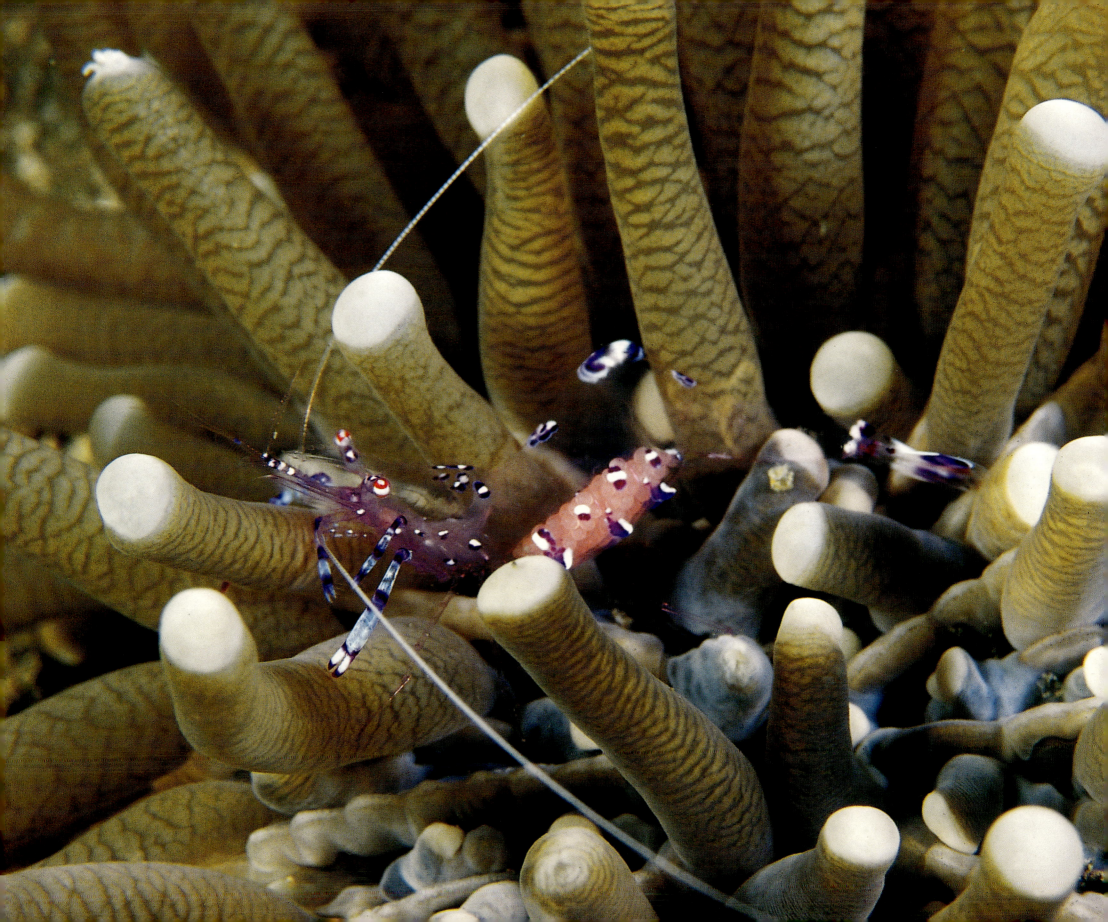

Auch auf Pilzkorallen leben Tiere wie die zwei speziellen Partnergarnelen *(periclimenes kororensis)*, die es sich hier gemütlich gemacht haben, oder der Banggai Kardinalfisch, unten links, sowie unten rechts eine Partnergarnele *(periclimenes magnificus)*. Rechte Seite: Eine fast durchsichtige Partnergarnele *(periclimenes tosaensis)* auf einer Anemonen-Pilzkoralle *(heliofungia actiniformis)*. Letztere gleicht zwar einer Seeanemone, hat aber ein hartes Skelett.

Smaller animals live on mushroom corals like these two commensal shrimps, that feel at ease here or the Banggai cardinalfish, below left, as well as another commensal shrimp, below right. Opposite: A nearly transparent commensal shrimp on a an anemone mushroom coral. It resembles an anemone but has a rigid skeleton and is one of the largest solitary polyp corals.

Blasenkorallen haben blasenformige
Vesikel, die sie ans Licht strecken
und mit Wasser aufpumpen. Auch sie
nesseln und bilden eine kleine Welt
für spezielle Krebschen. Linke Seite,
Eine Orang-Utan-Krabbe *(achaeus
japonicus)* sieht tatsächlich aus wie
ihr Namensvetter und rechts eine
Blasenkoralle mit mehreren Partnergarnelen sowie eine Garnele *(vi
philippinensis)* in Grossaufnahme

Bubblecorals have water filled bubbles
(vesicles) which they inflate during
the day and deflate at night. On
them live some odd looking crabs
like the orang utan crab at left.
This page: A bubble coral with
several commensal shrimps and a
close up of a shrimp.

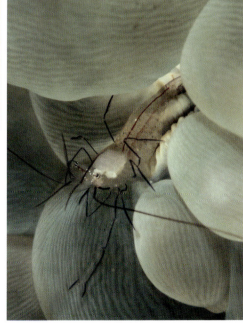

Gefahren und Schutz

Danger and Protection

Die Riffe um Raja Ampat haben von der Korallenbleiche, die an anderen Orten erhebliche Schäden hinterlassen hat, wenig gespürt. Die Wissenschaftler von Nature Conservancy waren aber bestürzt über das Fehlen von Haien und zählten in 500 Stunden unter Wasser lediglich drei grosse Haie. Das ist leider auf eine Überfischung von Haien zum Export von Haifischflossen zurückzuführen. Wenn die Haie aber einmal weggefischt sind, bevölkern sie eine Gegend nur zögerlich wieder. Mit all den vielen Tauchgängen in dieser Gegend kann ich das bestätigen: Haie sind selten hier, aber noch gibt es sie. Bei Dreharbeiten zum Film «Edis Paradies» schwamm zum Beispiel bei einem Nachttauchgang ein Leopardenhai immer wieder in die Scheinwerfer unserer Kameras. Das Verschwinden des Topraubtiers Hai im Ökosystem Korallenriff ist aber ernst zu nehmen. Allerdings ist es nur eine der vielen Gefahren, die diesen Riffen droht. Verheerend in Indonesien ist auch das weit verbreitete Fischen mit Bomben und Cyanid sowie das Abschlachten von Meeresschildkröten. In West Papua findet man davon allerdings nur vereinzelt Spuren, ganz im Gegensatz zum übrigen Indonesien, wo dieser verheerende Raubbau noch alltäglich ist.

2007 wurde die Gegend von Raja Ampat erfreulicherweise zu einem geschützten Meeresgebiet erklärt, das nur nach Zahlung einer Eintrittsgebühr betreten werden darf. Touristen sollen so mit ihrem Geld zum Schutz dieser einmaligen Riffe beitragen, ein Vorgehen, das bereits an anderen Orten in Indonesien zu durchwegs positiven Resultaten geführt hat. Ein Vorbild ist Manado, wo die Inseln rund um Bunaken in einen Unterwassernationalpark überführt wurden. Nach Raja Ampat wagen sich heute allerdings erst wenige Touristen vor, was sich natürlich noch ändern kann. Wichtig ist sicher, dass auch die einheimische Bevölkerung von diesem Schutz profitiert und das Geld nicht in der Bürokratie versickert. Andrerseits müssen sich die Einwohner der Umgebung aber auch an Fangquoten und andere Bestimmungen halten, sonst ist das Vorhaben Park zum Scheitern verurteilt. In Indonesien werden im allgemeinen Verbote nicht so strikt eingehalten wie bei uns, aber in Manado hat die Einführung des geschützten Parkes immerhin dazu geführt, dass die Riffe und ihre Tiere dort bis heute einigermassen erhalten blieben. Es besteht also die berechtigte Hoffnung, dass das auch in Raja Ampat der Fall sein wird.

Danger and Protection

The reefs of Raja Ampat have felt nothing of the coral bleaching which affected many other regions. But the scientists of the Nature Conservancy noted a virtual absence of sharks during their trip and counted only three large sharks in 500 hours underwater. This is due to an over fishing of sharks for shark fins, highly sought after as a soup ingredient in Asia. Once the sharks are gone it takes a long time for them to regrow. After many dives in this region I can confirm this. Sharks are scarce but there are a few left. While shooting a night scene for «Edi's Paradise» we had a leopardshark bumping into our videolights. The disappearance of the ecosystem's top predator is only one effect of humans on these reefs, the others are bombing and cyanide fishing, as well as the killing of turtles. Fortunately you find little traces of this unsustainable practice here contrary to other regions of Indonesia, where it goes on.

In 2007 the local government declared several areas of the islands of Raja Ampat protected marine areas, which can only be visited after paying a fee. In this way tourists are asked to contribute to the conservation of this unique habitat. It is a practice that has led to some protection of reefs in other areas of Indonesia, like Manado in North Sulawesi. At the moment only few tourists visit Raja Ampat so the flow of money is yet limited, but with the deterioration of other regions more will likely come here to admire these fantastic reefs. It is important that the people of the region get something out of this protection and that the money collected from the visitors not only serves to fund the bureaucracy. On the other hand the people of the region also have to observe the rules and abstain from unsustainable fishing practices. Despite the fact that Indonesians follow the rules less strictly than Europeans the introduction of marine parks in other parts of Indonesia has led to the conservation of marine life for example in Manado. Lets hope that it will be the case in Raja Ampat too.

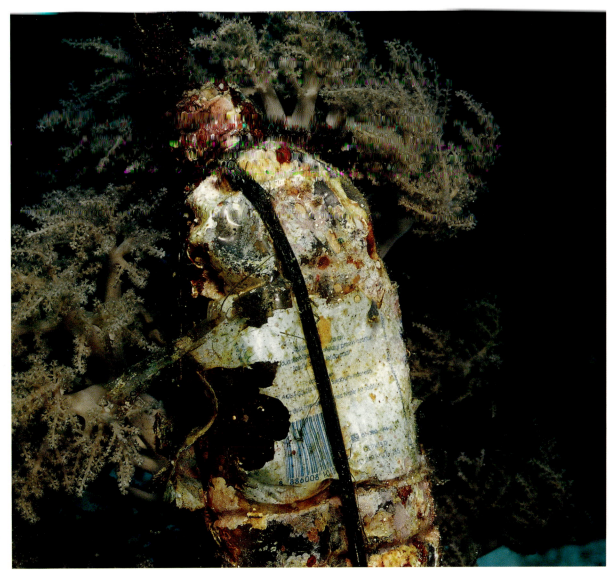

Gefahr fürs Riff. Eine Fischbombe, die glücklicherweise nicht explodierte, liegt zwischen den Korallen. Fischen mit Bomben ist verheerend für die Umwelt, denn die Explosionen zerstören alles, vom grossen Fisch bis zum Einzeller. Leider wird diese illegale Fischereimethode nach wie vor praktiziert in Indonesien. Fischer betreiben so einen gefährlichen Raubbau an der Natur.

Eine umgekippte Tischkoralle kann ein Anzeichen sein für das Fischen mit Cyanid. Die Tiere werden dabei mit Gift betäubt und darauf aus ihren Verstecken herausgeholt, wobei oft Korallen umgekippt werden. Die betäubten Fische werden darauf lebend nach Hongkong exportiert oder als Aquarienfische in alle Welt. Cyanid hinterlässt aber schlimme Spuren im Riff und kann tödlich sein für kleinere Tiere.

We found a fishbomb that hasn't exploded. Despite the fact, that fishing with explosives is illegal, it is still a popular fishing practice in Indonesia. But it is very unsustainable, as the bombs kill everything, from big fishes to one cell animals. Fortunately in Irian Jaya fishbombing has decreased in the last years, but many parts of Indonesia are devastated by it.
An overturned table coral often is a sign for cyanide fishing. They poison the fish in the reef and turn the coral over to get them out. Living fish is then exported to the big markets in China, where they are worth a fortune. Or else they catch fishes with cyanide for aquariums.

Diese fantastischen Riffe sind in
Gefahr, wenn nichts zu ihrem Schutz
unternommen wird. Schulen von
kleinen Fahnenbarschen *(pseudan-
thias sp.)* schweben über den
Korallen und tragen zur Schönheit
der Unterwasserlandschaft bei.

If nothing is done to protect them,
these fantastic reefs are in danger.
Schools of little red fin anthias
hover over the corals and add to the
beauty of this underwater landscape.

Diese Durban Tanzgarnele *(rhynchocinetes durbanensis)* wartet auf Kundschaft. Sie ist eine Putzergarnele, und die Netzmuräne *(gymnothorax favagineus)* rechts gehört zu ihrem Kundenstamm. Die Putzergarnelen entfernen Speiseresten und Parasiten. Hier scheinen allerdings die Putzwilligen zu überwiegen. Rechte Seite: Auch hier wird geputzt. Eine Kardinalsgarnele *(lysmata debelius)* an der Arbeit an einer Russkopfmuräne *(gymnothorax flavimarginatus)*.

This hinge beak shimps waits for customers in the corals. Right: The laced moray eel is one of its clients but here there seems to be a shortage of customers. Opposite: This yellow edged moray is cleaned by a scarlet cleaner shrimp.

Zum Abschluss tauchen wir noch einmal ein in die schönsten Riffe der Welt. Hier eine Auswahl von Weichkorallen und Schwämmen. Rechte Seite: Eine Spinnenkrabbe mit Polypen auf dem Panzer klettert über eine Fächerkoralle.

One last time we dive into the richest coral reefs of this planet. A choice of beautiful soft corals and sponges. Opposite: A spider crab with polyps on its shell crawls over a fan coral.

Zwei Riffbewohner verabschieden
sich, links ein Säbelzahnschleim-
fisch *(petroscirtes mitratus)* und
rechts eine Karett-Schildkröte. Die
Schildkröte hat schon viele Jahre
auf dem Buckel, und hoffentlich
überlebt sie auch die nächsten,
ohne das Zugrundegehen ihrer
Korallenriffe mitansehen zu müssen.

Two special inhabitants of the reef
say good bye, a floral fangblenny
and a turtle. The latter has been
in these reefs for many years and
hopefully will see them intact for
some more years to come.

Ein Plattwurm *(pseudoceros ferru-gineus)* kriecht über eine Koralle. Rechte Seite: Glasfische und Fächerkorallen in einem Riffkanal von Misool, ein Symbol für die Schönheit dieser Wildnis unter Wasser.

A flatworm on a coral and a red fan coral with little glassfishes in one of the reef channels of Misool, a symbol for the beauty of this underwater wilderness.

Raja Ampat

Raja Ampat

Raja Ampat – oder Empat, je nach Aussprache – nennt man die vorgelagerten Inseln vor West Papua, ganz im Osten Indonesiens. Übersetzt heisst das eigentlich vier Könige, womit die vier Hauptinseln Batanta, Misool, Salawati und Waigeo gemeint sind. Wenn man deren Riffe betrachtet, sind sie in der Tat auch königlich, gehören sie doch zu den artenreichsten der Welt. Die Meeresströme der Philippinen, der Molukken und Australiens treffen hier aufeinander, und das nahrungsreiche Wasser ermöglicht fantastisches Leben ohnegleichen. Geologisch gesehen sind viele der Inselchen aus dem Meer emporgepresste Korallenformationen, die im Laufe der Zeit vom Dschungel überwuchert wurden. Die meisten Inseln sind unbewohnt, nur ein paar Fischerdörfchen sowie einige Perlenfarmen stellen die Vorboten der Zivilisation dar. Die Fischer befahren diese Gegend mit kleinen Booten für einige Wochen, logieren vorübergehend unter Felsen, um dann wieder in ihre Dörfer zurückzukehren. Strände und wohnliche Plätze finden sich hier kaum, zumindest nicht in jenen wilden Insellabyrinthen, wo wir meistens tauchten. So ist die Gegend noch immer weitgehend unberührt und auch nicht leer gefischt. Die von Dschungel bedeckten Felstürme prägen auch das Leben unter Wasser. Ihr Schattenwurf ermöglicht es Gorgonien und Weichkorallen, die normalerweise tiefer unten vorkommen, fast bis unter die Wasseroberfläche zu wachsen.

Die einmalige Biodiversität dieser Riffe bestätigen auch weltweit anerkannte Meeresbiologen. Unter der Schirmherrschaft der Umweltorganisation «The Nature Conservancy» führten sie vor einigen Jahren eine Studienreise zu den Inseln von Raja Ampat durch. Auf ihrer Expedition mit Edis Schiff «Pindito» legten die Wissenschaftler rund 700 Seemeilen in diesem weiten Gebiet zurück und konzentrierten sich dabei auf die Inseln von Misool, Wayag und Waigeo. Die Wissenschaftler fanden die Gegend dabei noch reichhaltiger, als erwartet. So registrierten sie nicht weniger als 465 Korallenarten, darunter mindestens 20, die sie nicht identifizieren konnten. Insgesamt bringt das die

The islands off the North Western coast of West Papua (former Irian Jaya) are called Raja Ampat or Empat depending on the pronounciation. It means the four kings and refers to the islands of Batanta, Misool, Salawati and Waigeo. If you look at the coral reefs there, they are really royal. The ocean currents of the Philippines, the Molukkas and of Australia merge here and bring a lot of nutrients that enable an abundance of ocean life.

Geologically these islands are coral formations that were pressed out of the sea and than encrusted by jungle. Most of the islands are uninhabited, a few fishing villages and some pearl farms are the only signs of civilization.

Fishermen sometimes cruise these waters for several weeks, sleeping under rock formations, before returning home to their villages with their catch which is often exported to the Asian markets. There are very few beaches here, at least not in the wild island labyrinths, that we were diving in. Therefore this region is still fairly untouched and not yet overfished. The shadow of the jungle encrusted rock formations enable fans or soft corals to grow nearly up to the surface, creating an underwater landscape, that normally only exists deeper down.

World renowned marine scientists confirm the unique biodiversity of these waters. Some years ago they made a fact finding expedition, organised by "The Nature Conservancy". The scientists chartered Edis ship, the Pindito, and cruised 700 nautical miles through this area, concentrating on the islands of Misool, Wayag and Waigeo.

They found the region to be even richer than expected. They identified 465 coral species, among them 20 that they could not identify. That brings the total amount of coral species in this region to 535, meaning that here you can find 75% of all known coral species of this planet. During the dive trip also 828 fish species were registered, bringing the total amount to 1071, the highest biodiversity in the world. The famous ichthyologist Gerry Allen noted 284 fish species on one dive, his personal record.

Die malerische Bucht von Wayag im Inselparadies von Raja Ampat. In dieser letzten Wildnis wurden die meisten Bilder dieses Buches aufgenommen.

The picturesque bay of Wayag in the island paradise of Raja Ampat. Most of the fotos of this book were taken here.

Stückzahl der dort vorkommenden Korallenarten auf 535, was heisst, dass 75 % aller weltweit bekannten Arten in dieser Region vorkommen. Im Verlaufe des Tauchtrips wurden zudem 828 Fischarten registriert, womit sich die Anzahl der dort vorkommenden Fischarten auf 1071 Arten beläuft – die höchste Biodiversität der Welt. Der berühmte Fischwissenschaftler Gerry Allen notierte auf einem einzigen Tauchgang 284 Fischarten, was für ihn einen persönlichen Rekord darstellt.

«Die Gewässer rund um Raja Ampat übertreffen punkto Artenvielfalt von Fischen und Korallen jeden anderen Platz auf der Welt», sagte der Präsident von «Nature Conservancy» Steve Mc Cormick am Schluss der Reise und meinte: «Dieser Platz steht im Zentrum der marinen Biodiversität, und jede Anstrengung muss unternommen werden, ihn zu schützen.»

"This spot is at the heart of the heart of marine biodiversity, and every effort must be made to conserve it" said Steve McCormick, president of The Nature Conservancy at the end of the expedition.

Diese skurrilen Felsen waren einst Korallenriffe, die im Laufe der Zeit aus dem Meer emporgepresst und dann von Dschungel überwuchert wurden.

These bizarre rock formations once were coral reefs, which were pushed out of the water over millions of years and are now covered by jungle.

Die Inseln von Raja Ampat, eine atemberaubende Landschaft. Oft sind die Felsen porös und beherbergen Höhlen. Der Wasserspiegel veränderte sich im Laufe der Zeit immer wieder. Manche Plätze wurden früher von Eingeborenen als Grabstätten genutzt.

The islands of Raja Empat a breath taking wilderness. The rocks of the islands are often porous and there are caves in it. Some places were even chosen as burial grounds for indigenous people.

Die Riffe von Raja Ampat erreicht man nur mit einem Schiff. 1992 baute sich der Schweizer Edi Frommenwiler ein eigenes Motorsegelschiff. Seither schippert er mit seiner einheimischen Besatzung westliche Taucher durch diese einsame Gegend. Eine Kreuzfahrt in einer der letzten Wildnisse dieser Erde.

You can only get by boat to the islands of Raja Ampat. 1992 Edi Frommenwiler built a ship and has cruised these lonely waters with some divers ever since.

Traumhafte Abendstimmungen im
Insellabyrinth von Misool, einer der
vier Königsinseln.

A marvellous evening in the island
labyrinth of Misool, one of the four
king islands.

Fotografisches

Viele dieser Bilder wurden noch klassisch auf 100-ASA-Dia-Film aufgenommen. Ich gebrauchte dazu eine Nikon F-90X in einem Seacam-Gehäuse mit den Makro-Objektiven 70-180 mm und 60 mm sowie einem Kenko-2-fach-Telekonverter für die Nahaufnahmen und eine Nikonos RS mit dem 13-mm-Fisheye für die Weitwinkelbilder.

Für die Digitalaufnahmen verwendete ich eine Nikon D-200, ebenfalls in einem Seacam-Gehäuse, mit den gleichen Objektiven sowie dem Weitwinkelzoom 12-24 mm.

Als Blitze kamen mehrere Subtronic-Mega- sowie Sea&Sea-Blitze zum Einsatz.

Photographic details

The majority of the pictures in this book were taken on 100 ASA film. I used a Nikon F-90X camera in a Seacam Housing with the macro lenses 70-180 mm and 60 mm plus a 2x teleconverter for close up photography. The wide angles I shot with a Nikonos RS and the 13 mm Fisheye lens.

The digital pictures I took wih a Nikon D-200 with the same lenses, also in a Seacam Housing, plus the 12-24 mm Zoom for wide angle photography.

The lighting for all the pictures was made with several Subtronic Mega and Sea&Sea flashlights.

Danksagung

Dieses Buchprojekt habe ich lange mit mir herumgetragen, bevor ich es schliesslich realisierte. Es kommt auch später, als von mir geplant, aber das liess sich irgendwie nicht vermeiden. Neben den Dokumentarfilmen ein Buch zu realisieren ist ein langwieriger Prozess mit vielen Aufs und Abs und Tausenden von Bildern zum Auswählen. Ich bin deshalb einigen Personen zu Dank verpflichtet, die mich encouragiert, mir geholfen und an mich geglaubt haben.

Zuerst möchte ich meinen grosszügigen Sponsoren danken, der Privatbank IHAG Zürich, insbesondere dem VR Präsidenten Gratian Anda sowie CEO Dr. Heinz Stadler und Marketingleiterin Monica Rohrer. Sie haben das Buch erst ermöglicht, denn Fotobücher zu machen scheint heute fast schwieriger zu sein, als Filme zu drehen. Dann danke ich Edi Frommenwiler, der mich mit seinem Schiff in diese fantastische Gegend führte und immer wieder einen Schlafplatz für mich fand, selbst wenn es auf dem Schreibtisch in seiner Koje war, ebenso Robi Frommenwiler, der meine Reisen organisierte. Ein besonderer Dank geht auch an meine Lebenspartnerin Marion Friedrich, die mich stets bestärkte, dieses Buch zu realisieren. Ferner danke ich Marie Louise Sulzer, die mir bei der Sponsorensuche half, meinem Sohn Basil und seiner Frau Alexandra, beides Biologen, welche die Bestimmung der Tiere durchcheckten. Gerade das ist oft eine schwierige Sache, denn viele Tiere sind sich sehr ähnlich und lassen sich nicht so einfach aufgrund eines einzelnen Fotos bestimmen, einige sind wissenschaftlich auch noch nicht klassifiziert. Aber immer herauszufinden, was in welche Kategorie gehört, ist eine knifflige Aufgabe. Doch das ist ja gerade das Spannende an diesem Job, und so bin ich glücklich, 20 Jahre nach dem Erscheinen meines ersten Unterwasserbuches «Das Meer lebt» ein neues vorlegen zu können.

Acknowledgements

It took me a long time to realise this book and it comes out much later than I expected. But a book project is a daunting task, particularly when you have to produce documentaries in the first place and you have thousands of pictures to choose from. I am therefore thankful to many persons who have helped me, encouraged me and believed in me to finish this work.

Above all I want to thank my sponsor Privatbank IHAG Zurich, especially chairman Gratian Anda, CEO Dr. Heinz Stadler and head of marketing Monica Rohrer. They made this book possible. My warm thanks then go to my friend Edi Frommenwiler, who brought me into this fantastic region and always found a way to accomodate me on his ship, even if it was on the office desk in his cabin. I also thank Robi Frommenwiler, who organised my numerous journeys to Indonesia. Furthermore I am very grateful to my friend Marion Friedrich, who always encouraged me to do this book, to Marie Louise Sulzer, who helped me find a sponsor and to my son Basil and his wife Alexandra, both biologists, who assisted me in correctly identifying the numerous animals. This is a strenuous job, because a lot of animals look similar and it is difficult to name them by a single picture. Some animals are scientifically still unclassified. So you are never sure where you stand, but that is one of the excitements of making such an underwater book.

Über den Autor

About the Author

Otto C. Honegger, geboren 1945, ist seit 1990 Leiter der Dokumentarfilm-Redaktion des Schweizer Fernsehens SF und als solcher verantwortlich für alle Eigenproduktionen und Einkäufe der renommierten Sendung «DOK». Honegger studierte Wirtschaft an der Universität St. Gallen und kam anfangs der 70er Jahre als freier Journalist zum Schweizer Fernsehen. Er arbeitete zunächst im Wirtschaftsressort, wechselte dann ins Auslandteam und wurde 1975 stv. Leiter der Sendung «Rundschau». In der Folge begann er internationale Dokumentarfilme zu realisieren, und seine diversen Projekte führten ihn um die halbe Welt. Als Filmautor deckt er ein breites Themenspektrum ab, von den Tiefen der Meere bis zu den Höhen des Mt. Everest. Honegger ist seit über 40 Jahren ein passionierter Taucher und bekannter Unterwasserfotograf. Sein erstes Foto-Buch «Das Meer lebt» erschien 1988.

Otto C. Honegger is head of documentaries at Swiss Television in Zurich and executive producer of the successful documentary strand "DOK". He was born 1945 in Zurich, studied economics at the university of St. Gallen and worked as free lance journalist for various newspapers and TV before becoming roving reporter for Swiss TV. He was producer and director of many international acclaimed documentaries all over the world. His films range from the depths of the ocean to the heights of Mt. Everest. Honegger has been a passionate diver and well-known underwater photographer for over 40 years. His first underwater book was published 1988.